한성우

충청남도 아산에서 태어나 성장하다가 열한 살 되던 해부터
30여 년간 서울에서 살았다. 서울대학교 국어국문학과에서
학사·석사·박사 과정을 마치고, 인하대학교에 재직하게
된 이후 10여 년을 인천에서 살고 있다. 충청방언으로
석사논문을, 평안방언으로 박사논문을 쓴 후 한국어의
방언과 말소리를 연구하고 가르치고 있다.
1997년에 국립국어원의 서울토박이말 조사 때 조사원으로
서울말과 인연을 맺게 되었다. 이때의 경험과 기억을 살려
「600세 서울 노인의 서울 이름 풀이」란 수필을 써
서울시 수필 공모전에서 대상을 받기도 했다.
인천에 살게 되면서 인천과 강화 그리고 인천의 여러 섬들을
조사해 여러 편의 책을 썼다. 이런 까닭에 서울·인천·강화·
서해5도 등의 토박이말을 듣기만 해도 바로 구별해 낸다.
방언과 말소리에 대한 연구서 외에 『방언정담』
『우리 음식의 언어』『노래의 언어』『문화어 수업』
『말의 주인이 되는 시간』『첼로를 사랑하는 목수』
『말씨 말투 말매무새』 등 말을 주제로 한 인문 교양서를
써 왔다. 2019년부터 『문화일보』에 매주 '맛의 말, 말의 맛'을,
2024년부터는 『경향신문』에 격주로 '말과 글의 풍경'을
연재하고 있다.

서울의 말들

© 한성우 2024
이 책은 저작권법에 의해 보호받는 저작물이므로
무단전재와 복제를 금합니다.
이 책 내용의 전부 또는 일부를 이용하려면
저작권자와 도서출판 유유의 서면동의를 얻어야 합니다.

서울의 말들

(여기두 사투리 있걸랑)

한성우 지음

들어가는 말
뒤죽박죽 서울말의 매력

서울말은 억울하다. 이 땅의 모든 말은 사투리이고 서울에도 사투리가 있는데 사람들은 서울말이 곧 표준어라고 생각하기 때문이다. 서울 토박이말도 서울말이고 토박이는 아니더라도 서울에서 오랜 기간 살아온 사람 혹은 스스로 서울 사람이라고 믿는 사람의 말도 모두 서울말인데 말이다. 표준어가 서울말을 바탕으로 제정되었지만 표준어가 곧 서울말인 것도 아니고 서울말이 곧 표준어인 것도 아니다. 서울에서는 표준어가 아닌 '서울말'이 쓰이고 있고, 서울말과 표준어는 다르니 서울말도 다른 지역의 말과 마찬가지로 사투리다.

서울말을 다루는 것이 이래서 어렵다. 다른 지역의 말은 표준어와 다르면 사투리라고 생각하는데 서울 토박이가 쓰는 말이라도 표준어와 같으면 서울말이 아니라고 생각한다. 서울말을 바탕으로 표준어가 제정되었으니 표준어가 아닌 서울말은 극히 드물거나 아예 찾을 수가 없다. 이것을 뒤집어 생각하면 표준어의 대부분이 서울말이니 사전에 있는 말 모두를 대상으로 삼아

서울말에 대해 쓸 수도 있다. 그러나 그렇게 하면 모두가 아는 말에 대한 하나 마나 한 이야기가 된다.

그러니 이 책에서 다룰 서울말을 정의하고 그 범위를 확정할 필요가 있다. 서울 토박이가 쓰는 말, 서울에서 오랫동안 살아온 사람의 말, 스스로가 서울 사람이라고 믿고 쓰는 말 모두가 서울말이다. 그것이 표준어와 같고 다르고는 중요하지 않다. 서울의 향기가 나는 말, 서울의 역사가 담긴 말, 서울에서 가장 먼저 쓰이기 시작했을 듯한 말 모두가 서울말이다. 그래서 서울에서 나고 자란 토박이 작가가 쓴 시나 소설에 있는 말, 서울 사람들의 삶을 그린 신문 기사에 나온 말 모두를 대상으로 할 수 있다. 나아가 표준어이고 널리 쓰이지만 담긴 뜻이 좋고 살려 쓰면 좋을 것 같은 말도 이 책의 대상이 될 수 있다.

이런 말 중에서 색다른 재미, 유용한 정보, 코끝이 시큰한 감동이 있는 말을 찾았다. 서울과 경기 지역에서는 남자끼리도 '언니'라는 말을 쓰는데 이 용법을 알면 드라마 『추노』에서 왜 상남자끼리 언니라고 부르는지 이해할 수 있다. '언니'의 짝이 되는 '오빠'는 왠지 모를 애틋함이 느껴지는데 그것이 임화의 「우리 옵바와 화로」에 어떻게 묘사되는지 알면 눈가에 살짝 눈물이 맺힐 수도 있다. 말의 시작에서 자주 들리는 '어머나'나 '웬걸'의 유래를 알면 재미있고, 지금은 쓰지 않는 조사 '새로에'나 귀여운 말투 끝에 나타나는 '걸랑'의 쓰임도 이야깃거리가 될 만하다.

아는 사람도 꽤 있지만 '눈부처'란 말의 유래를 다시금 생각해 보면서 지금 나의 앞에 있는 사랑하는 사람의 소중함을 스스로 일깨워 보는 것도 좋다. 농사를 짓지 않는 서울 사람들조차 왜 '비가 오시다'란 표현을 쓰는지, '가쾌'란 말이 왜 서울에서 가장 먼저 쓰이기 시작했을지를 돌아보는 것도 삶의 향기를 즐길 수 있는 방법이다. '송두리째'란 말에 흔적을 남긴 '송두리'가 무엇인지, '파의 씨'가 왜 '팝씨'인지를 아는 것도 말에 대한 이해를 넓혀 주니 더할 나위 없이 소중하다.

서울 토박이 작가 중 사전에 용례를 가장 많이 남긴 작가는 박종화이지만 이 양반은 어려운 한자어를 주로 써서 재미가 없다. 반면에 서울의 중인 집안 출신인 염상섭은 수없이 많은 주옥같은 흔적을 사전에 남겼다. 박태원과 이태준 또한 서울 구석구석의 삶을 잘 보여 주니 그들의 작품에 남겨진 말을 통해서 당대의 서울말을 그려 볼 수 있다. '차도남' 이미지의 심훈은 감각적인 서울말을, 양반댁 귀한 딸로 자란 한무숙은 지체 높은 집안에서 쓰는 서울말을 여러 작품 속에 남겨 두었다. 개성 출신의 박완서는 서울말과 같고도 다른 인근의 말을 보여 준다.

서울의 골목골목을 발로 누빈 기자들이 이른 시기의 신문에 남긴 말들 또한 서울의 삶을 잘 보여 준다. 고기와 채소를 다져 뭉친 후 달걀 물을 입혀 부쳐 낸 것이 왜 '동그랑땡'인지 기사를 통해 알 수 있고 '짜깁기'와 '행길'이 보여 주는 시대상도 읽어 낼 수가 있다. 67퍼센트라는 믿기 힘든 시청률 기사를 통해서 '달동네'의 풋풋한 서민 내음도 맡을 수 있고, '동무'란 말의 옛 쓰임을 통해 안타까운 이념 대립의 역사를 되돌아볼 수 있다. 모두가 읽을 수 있는 표준어로 쓴 신문이지만 이곳에서 말을 찾은 이유이기도 하다.

200여 년 전 창경궁에 살았던 40대 남자의 편지 속에 나온 '뒤죽박죽'을 통해 서울말에 대한 생각도 재정립할 수 있다. 전국의 사람과 물산이 몰려드는 서울이니 이곳의 말은 뒤죽박죽일 수도 있다. 순수한 서울말은 없고 각지의 말이 뒤섞여 있는 것이라 생각할 수도 있다. 그러나 그 남자의 편지 속에 있는 '뒤죽박죽'이란 말이 서울말의 매력을 드러내 주기도 한다. 그렇게 각지에서 온 여러 사람들의 말이 섞였으니 그것이 표준어가 될 수 있고 그 말로 모든 지역의 사람들이 소통할 수 있는 것이다.

 이렇게 100개의 서울말을 정성스럽게 엮었으니 서울말에 대한, 혹은 지역의 말에 대한 뒤죽박죽의 생각이 잘 정리되길 기대한다. 그리고 이 땅의 모든 말이 소중하게 느껴지는 계기가 되길 바란다. 서울의 말뿐만 아니라 모든 지역의 말들과 함께.

| 들어가는 말 | 9 |

문장 001	14
↓	↓
문장 100	212

[비가 오시다]

날씨가 가물으면 비 좀 오시라구
사직단에서 지사 지내구 그랬에여.

한성우, 『서울 토박이말 자료집』(국립국어원, 1997)

온단다. 동사 '오다'는 '가다'보다 좋다. 어린 날의 소풍 혹은 노총각 노처녀의 시집장가가 아니라면 가는 것은 싫다. 내가 가는 것이라면 그나마 나은데 내 곁의 누군가 또는 무언가가 간다는 것은 서럽다. 하다못해 '맛이 가다'보다 '감이 오다'와 같은 관용적 표현에서도 '오다'가 더 낫다.

오신단다. 바짝 긴장하고 마음을 가다듬어야 한다. '오다'가 아닌 '오시다'이니 그 주어는 높임을 받기에 마땅한 존재이다. '오시다'의 주어로 가장 먼저 떠오르는 것은 '물망초 꿈꾸는 강가를 돌아 달빛 먼 길 님이 오시는가'라는 가사 속의 '님'이다. 당연히 몹시도 그리워하던 '님'이리라. 또는 '딩동댕 초인종 소리에 얼른 문을 열었더니 그토록 기다리던 아빠'를 비롯한 사랑하는 이다.

'비 좀 오시라구'란다. 600년째 대대로 서울을 지켜 온 서울 토박이 할머니의 고운 말씨 속에서 '오시다'가 나오는데 그 주어는 '비'이다. 때마침 비가 세차게 내리던 날 처음 만난 할머니는 "비가 참 션하게 오시네여. 이렇게 오시문 굴묵에 묵은 먼지두 죄다 씻게 나가구 좋잖아여." 하며 해맑은 미소를 짓는다. 가을장마의 끝자락에 지루할 법도 한데 여전히 반가운 님 대하듯 하신다.

그렇다. 서울 토박이니 농사를 지은 경험이 없는데도 비는 '오시다'로 표현된다. 하늘만 바라보고 농사를 지어야 했던 시절의 흔적이 남은 표현이다. 봄의 새싹이 돋아나게 할, 여름의 푸른 잎이 느낄 갈증을 해소해 줄, 가을의 낙엽에 쌓인 먼지를 씻어 줄 고마운 존재가 바로 비이니 그럴 법도 하다.

종잡을 수 없는 날씨 때문에 많아도 걱정, 없어도 걱정인 비. 그리운 님처럼 간절히 기다릴 테니 아빠처럼 때 되면 오시길. 헤어져 있어야 그리움이 커져 다시 오실 날을 기다릴 수 있으니 넘쳐나서 허우적대기 전에 가시길.

[노나먹기]

이 기쁨을 노느지 못하는 것이
무한히 섭섭합니다.

심훈, 『상록수』(1936)

슬픔은 나누면 반이 되고, 기쁨은 나누면 배가 된다고? 참 희한한 셈법이다. 수학 시간에도 문학을 향한 열정을 불태우던 소년의 입에서 나온 말일까? 아니면 지독히도 슬픔이 싫어 프랑수와즈 사강의 『슬픔이여 안녕』을 실천하고자 하는 소녀의 입에서 나온 말일까? 엉터리 셈법이기는 하지만 슬픔은 작아지고 기쁨은 커지니 남는 장사이다.

'나누다'는 언제 어디서나 흔히 들을 수 있는 말인데 '먹다'가 뒤를 이으면 묘하게도 '나눠먹다'보다 '노나먹다'가 자연스럽다. '나눠먹기'에서는 어른들의 욕심이 묻어나지만 '노나먹기'에서는 소꿉친구를 살뜰히 챙기는 아이들의 따스한 마음씨가 전해진다. 그런데 이 '노나먹기'는 어디서 온 말일까?

서울내기 작가 심훈의 『상록수』를 보면 '노나먹기'의 정체가 드러난다. 심훈의 서울말에서는 '나누다'가 아닌 '노느다'이니 '아'가 결합하면 '노나'가 된다. 오늘날 '무너지다'에서만 흔적이 남아 있는 '무느다'가 '무너'가 되는 것과 마찬가지이다.

거슬러 올라가면 '나누다'와 '노느다'는 모두 '논호다'에 뿌리를 두고 있다. 같은 뿌리에서 나왔으되 가는 길이 나뉘었다. 신라 적 스님 월명사가 먼저 세상을 떠난 누이를 그리며 '한 가지에서 나고도 가는 곳을 모르누나'라고 읊은 것과 마찬가지로, 가지만 보고 뿌리를 알지 못하는 까닭에 낯설게 느껴질 뿐이다.

누군가는 '노나먹기'는 우리 지역에서도 쓰는데 왜 서울말이냐고 따질지도 모른다. 서울말과 시골말이 딴판이어야 한다면 그 두 말은 하나의 말이 아니다. 한반도의 땅끝에서 백두산 천지까지 이 땅의 모든 말은 열에 아홉은 같다. 그러니 서로 통할 수 있다. 말이야말로 이 땅의 모든 사람이 노나먹는 것이기 때문이다. 이 정감을 노느지 못하는 것이 무한히 섭섭하다.

[시룻번]

솥에 물을 붓고 시루를 올려 놓은 후에
시루본을 바르고 뜨겁게 쪄서
뜸을 들인 후 시루를 내려 놓고

「추석음식 만들기」『동아일보』1959년 9월 12일 자

"아 그거 뭐라 하지?" 살다 보면 이런 말을 해야 하는 순간이 많이 온다. 문 닫히지 말라고 문에 발처럼 붙어 있는 그거, 과일 상하지 말라고 그물처럼 씌워 놓은 그거, 배달 음식 따기 쉽게 플라스틱으로 칼처럼 만든 그거. 그나마 노루발처럼 이름이 어느 정도 알려진 것도 있지만 아주 많은 것이 '그거'로 소통된다.

'그거'라는 말은 떡을 빚을 때에도 쓰인다. 떡은 쌀을 가루로 낸 후 소와 섞어 찌거나, 고두밥을 떡메로 찧은 후 고물을 묻히는 등의 방법으로 만든다. 김으로 떡을 찔 때 쓰는 특별한 질그릇이 있으니 시루가 그것이다. 항아리와 비슷한 모양인데 바닥에 구멍이 숭숭 뚫려 있다. 이 시루를 물이 끓는 솥에 올리면 김이 올라와 떡이 쪄진다.

숭숭 뚫린 구멍으로 쌀가루가 새니 이를 막으려고 바닥에 까는 '그것'이 있는데 이것의 이름은 다행히 직관적이다. 시루의 밑에 까는 것이라 '시루밑'인데, 가는 나무줄기로 짜서 만든다. 그런데 솥에서 올라온 김은 오롯이 쌀가루에 전해져야 떡이 빨리 쪄진다. 그래서 시루를 솥에 안친 후 시루와 솥이 만나는 부분의 틈을 막기 위한 '그것'이 필요하다.

'떡집떡'이 아니라 '집떡'을 먹던 시절에는 그것의 이름을 아는 이가 많았다. 좀 '있는 집'이라야 떡을 먹을 수 있으니 있는 집이 제법 있는 서울 사람들은 그 이름을 더 잘 알았다. 바로 시룻번이다. '시루'와 '번'이 합쳐진 말인데 '번'이 오리무중이다.

멥쌀이나 밀가루를 반죽해 만든 시룻번은 묘한 별미이기도 했다. 시루 안의 떡이 더 맛있겠지만 시룻번도 곡물 반죽이 익은 것이니 먹을 만하다. 지금은 시루도 귀하니 시룻번은 볼 일이 없어졌다. 말은 시룻번으로 아무리 꼭꼭 눌러 막고자 해도 우리의 단어 목록에서 새어 나가 사라진다.

[짱아]

짱아짱아 고촌짱아 그리 가면 죽느니라
이리 오면 사느니라

신체시 「쌈자리」 『조선일보』 1920년 7월 26일 자

"아마 나는 아직 어린가 봐, 그런가 봐, 엄마야!" 노랫말을 보면 동요처럼 보이나 1981년에 이 노래가 발표되었을 때 가수 조용필의 나이는 서른한 살이었으니 뭔가 어색한 느낌이 든다. 게다가 노랫말에 한번 '고추잠자리'가 나오기는 하지만 노랫말 전체의 내용을 보면 왜 제목이 「고추잠자리」인지 알기 어렵다.

한 가지 분명한 것은 이 노래가 어울릴 만한 또래의 서울 아이들은 잠자리를 다른 말로 불렀다는 사실이다. 듣기만 해도 귀여운 발음의 '짱아'라고. 아이들이 말을 만들 때 보면 묘하게도 된소리를 많이 쓴다. '과자'가 '까까'가 되고 새 옷이 '꼬까'가 된다. 부모가 아이에게 말할 때 이렇게 말해서 아이들이 배운 것일 수도 있지만 아이들의 말에 된소리가 많은 것은 분명하다.

잠자리는 옛 문헌에 '즌자리'로 나타난다. 이런 이유로 평안도에서는 지금도 '잔자리'로 쓰이는 말의 기원을 추적할 수 있다. 그러나 '잠자리'든 '즌자리'든 어원을 가늠하기 어렵기는 마찬가지다. 크기가 작다는 뜻의 '잘다'가 본래 '졸다'였으니 '즌+자리' 정도로 추정할 수 있지만 '자리'라는 곤충이 있어야만 이 추정이 뒷받침된다. '자리'는 물고기 이름이지 곤충 이름은 아니다.

아이들이 잠자리를 '짱아'라고 한다지만 정확하게 어떤 잠자리를 가리키는지 알 수는 없다. '왕잠자리'나 '말잠자리'도 있겠지만 아무래도 아이들의 눈에 가장 많이 띄는 것은 고추잠자리일 것이다. 요즘 도심에서는 잠자리 보기가 어렵지만 과거에는 서울에서도 흔하디 흔한 것이 고추잠자리였다.

짱아는 잠자리를 뜻하지만 별명으로도 안성맞춤이다. 왜 그런지는 모르지만 이 별명이 붙은 아이는 결코 크지 않은 몸집으로 아장아장 걸을 듯하다. 그랬던 짱아가 크면 짱아라는 별명으로 더 이상 부르지 못하듯 오늘날 서울에는 짱아도 사라졌고 그 말도 사라졌다.

[닐니리야]

방방이 먹자판에 닐리리야 판이었고 우리네 세 식구가 사랑채를 비워 주고 아랫집 여주댁 건넌방으로 쫓겨가지 않을 수 없었던 건 한꺼번에 밀어닥친 그 집 일가붙이 때문이었다.

박영한, 『왕룽일가』(민음사, 1988)

동네 어르신의 환갑잔치가 열려 소리꾼들이 초청되었다. 장구 장단에 맞춰 '니나노~'가 울려 퍼진다. 자, 그럼 그다음에 이어질 후렴구를 적어 보라. 소리는 틀림없이 '닐리리야'이다. 그러나 늘 그렇듯이 받아쓰기는 소리 나는 대로 적으면 선생님의 불호령이 떨어진다. '닐니리야'는 어떤가? 스무고개 하듯이 여러 조합을 찾아 헤매다 '늴리리야'에 다다라야 비로소 통과된다.

'늴리리야'가 정답이라지만 아무리 생각해도 수긍하기 어렵다. '늴'은 글자도 생뚱맞지만 어떻게 발음해야 할지, 왜 이렇게 써야 할지 알기 어렵다. 어차피 발음은 '닐' 아닌가? 그래도 '무늬'와 '하늬바람'에 '늬'를 쓰니 여기에 받침 하나 더하면 된다.

그렇다면 그다음 두 음절도 같은 방식으로 써서 '늴늬릐야'가 되어야 하는 것 아닌가? 그런 사례가 없는 것은 아니다. '늴리리야'는 경기민요의 후렴구인데 이 후렴구를 서양의 맘보 리듬과 결합시켜 1957년에 발매된 노래의 제목은 '늴늬리맘보'로 표기되었다. 그러나 이 표기가 영 어색해서인지 2012년에 블락비가 다시 부를 때는 '닐리리맘보'가 되었다.

지금은 이상하게 느껴지지만 '늬'가 된 데는 이유가 있다. '니'와 '늬'를 발음해 보라. 둘 다 'ㄴ'이 첫소리로 쓰였지만 소리가 다르다. 이 소리를 스페인어를 아는 사람에게 적어 보라고 하면 앞엣것은 'ñ'으로 적고 뒤엣것은 'n'으로 적을 것이다. 같은 콧소리지만 'ㄴ'을 발음할 때 혀가 어디 닿느냐에 따라 차이가 난다.

'잔디'를 '잔듸'로 표기하는 것, '시어머니'를 '싀어머니'로 표기하는 것도 같은 맥락이다. 본래 '잔듸'였으니 구개음화가 되지 않아 오늘날에도 '잔디'로 남은 것이다. '늬'와 '싀'로 표기된 이유는 실제 발음 때문이다. 어렵지만 우리 조상들은 그 차이를 아셨고 그것을 표기에 반영했을 따름이다.

[첫눈이 온다구요]

슬퍼하지 마세요 하얀 첫눈이 온다구요

김정신 작사·이정석 노래, 「첫눈이 온다구요」(1986)

첫눈은 언제 오는가? 11월에 내리면 이르다고 하고 12월에 내리면 때맞춰 내린다고 생각한다. 그런데 한해의 끝자락에 내리는 눈이 왜 첫눈인가. 한해의 시작은 1월이니 그 어름에 내린 눈이 첫눈이어야 한다. 그러나 우리의 셈법에서는 봄이 계절의 시작이니 봄부터 가을을 지나 겨울에 내린 눈이 첫눈인 것이다.

한반도 전역에 눈이 내리고 첫눈은 이 땅 어디에서나 쓰이니 첫눈을 굳이 서울말이라고 우길 근거는 없다. 초점은 이정석의 노래에 나오는 '온다구요'에 맞춰야 한다. 표준어가 곧 서울말이라 믿는다면 이는 '온다고요'라고 해야 맞다. 하지만 서울 사람에게는 '온다구요', 나아가 '온다구여'가 자연스럽다.

더 정확하게 초점을 맞춰야 하는 것은 말 끝에 붙는 '요'이다. 말끝마다 '요'를 붙이면 서울내기 취급을 받기 십상인데 이것이 어디서 왔는지는 불분명하다. 게다가 '나는요 오빠가요 좋은 걸요 어떡해요'라고 노래해도 이상하지 않을 정도로 아무 데나 붙는다. '와!'라고 반말을 하고 나서도 '요'를 붙여 '와요' 하면 존댓말이 되니 쓸모가 많다.

19세기부터 나타나기 시작해 오늘날 남녀노소의 모든 말에 붙는 이 '요'가 일본어에서 왔다고 주장하는 이도 있다. 확실한 증거를 찾기는 어려우나 그 출처가 어찌 됐든 얼마나 고마운 존재인지 모른다. '합쇼'는 거북하고 '다나까'는 딱딱하게 느껴지는데 이 '요'는 모든 말을 부드럽게 만든다.

첫눈은 기억하지만 '첫비'는 입에 올리는 이조차 없다. 그러나 새봄의 첫비가 곧 '봄비'인데 봄비이니 서운할 일은 아니다. 사람 사이의 말을 부드럽게 적시는 '요'가 곧 봄비 같은 존재이다. 가사를 조금 바꿔 불러도 좋겠다. '봄비가요 벌써요 우리 곁에요 촉촉하게요 왔다구요'라고.

[걸랑]

너만 생각하면 떠오르는 말이 있걸랑

양준일 작사·양준일 노래, 「가나다라마바사」(1992)

서울 사람들도 신선로가 아닌 뚝배기에 찌개를 끓인다. 그러니 드라마 『서울 뚝배기』가 인기가 있을 수밖에. 이 드라마를 보면 코맹맹이 소리를 내는 아저씨가 나이와 외모에 어울리지 않게 '했걸랑'을 반복한다. 서울 사람이 아니더라도 '걸랑'은 가끔 들어봤을 터, 그 느낌은 귀엽기도 하지만 나쁘게 말하면 가볍다.

이 말은 어떤 사람이 쓸 것 같은가? 나이는 어리고, 여자일 가능성이 높으며, 점잔을 빼거나 조신한 체하기보다는 스스럼없이 말하는 사람이어야 한다. 좋게 말하면 편안하고 부드러운 말투를 쓰는 사람이지만 나쁘게 말하면 가볍고 수다스러운 사람이다. 나이가 어린 여성과 그들의 말에 대한 편견이 담긴 판단이기도 하다.

사전은 '걸랑'을 '거들랑'의 준말로 풀이한다. '거들랑'은 '거든'에서 'ㄴ'이 떨어지고 'ㄹ랑'이 붙은 것이다. 과거를 돌아보면서 말을 이어 나갈 때 '거든'은 누구나 쓴다. 그런데 '거든'은 말을 끝낼 때 쓰는 것이 아니라 다음 말을 이어 가려 할 때 쓴다. 이때 온통 예쁜 말소리로만 구성된 'ㄹ랑'이 붙는 것이다. 'ㄹ'과 'ㅇ'은 소리의 울림이 좋아서 누구나 듣기 좋아하는 소리이다.

대화는 주고받는 것이다. 하고 싶은 말을 하고 상대가 대응할 여지를 남겨야 한다. 이때 '거든'은 서로의 말을 끊임없이 이어 나가는 마법을 부린다. 훨씬 더 부드러운 느낌을 주는 것이 '걸랑'이니 대화를 지속할 수 있는 더 큰 힘을 발휘한다. 대화가 계속 이어질 테니 말이 많게 느껴지는 것은 당연한 결과다.

목소리는 남자가 크지만 말의 힘은 여자가 더 세다. 어휘력·문장력·표현력이 뛰어나 말의 변화는 여자에서 시작돼 아이로, 전체로 확대된다. 여자의, 아이의 말투라고 얕볼 일은 아니다. 부드럽게 대화가 이어질 수 있는 마법의 어미라면 더욱 그렇다.

[옴팡]

얼굴이 동그랗구, 눈이 옴팡 들어가구

김영수, 장편 「파도」 『경향신문』, 1949년 발표.

이런 소리, 이런 글자의 조합이라니. '옴팡'을 발음해 보라. 입술을 동그랗게 오므린 후 코로 소리를 내보내다가 'ㅍ'을 발음하면서 침이 튈 만큼 힘차게 입으로 바람을 뿜다가 다시 코를 울리며 'ㅇ' 발음을 해야 한다. 글자는 또 얼마나 드물고도 귀여운가? '옴'은 너무 드물고 '팡'은 '곰팡이'나 '암팡지다' 정도가 생각나는 말의 전부다.

사전에 올라 있는 '옴팡'의 첫 번째 뜻은 초가나 오두막 같은 작은 집인데 충청도 출신의 작가 이문구의 소설을 제외하고는 본 적이 없다. 두 번째 뜻은 가운데가 조금 오목하게 들어가 있다는 뜻인데 보통 '옴팡지다'로 쓴다. 서양인의 눈은 조금 들어간 편이니 '옴팡눈'이란 말은 서양인의 외모를 묘사하는 데 쓰일 만하지만 발음이 예쁘더라도 삼가야 할 말이다.

그런데 일상에서 쓰는 '옴팡'은 다른 뜻이다. 물건을 사러 갔다가 바가지를 쓴 일이 있는가? 그렇다면 바가지를 '옴팡' 썼다는 표현이 적절하다. 발음과 음상이 비슷하니 몸은 작아도 힘차고 다부지다는 뜻의 '암팡지다' 대신 쓰이기도 한다. 다만 '옴팡'은 크고, 강하고, 단단한 느낌을 표현할 때 쓰인다.

우리는 단어나 말소리에 대한 감각이 꽤 발달한 편이어서 '옴팡'이 작은 집을 가리킨다면 그 느낌을 금세 익힐 수 있다. '옴팡'이 부사로서 쓰일 때도 그 느낌이 와 닿고 '암팡'과의 차이도 어느 정도 추측해 낼 수 있다. 그러나 한국어가 모국어가 아닌 이들은 이런 감각을 가지기 어려우니 설명이 어렵다.

귀엽지만 야무진 것, 단단하지만 거대하게 느껴지지 않는 것이 있다면 '옴팡'이란 말을 써 보자. 굳이 서울 사람이 아니어도 좋다. 옴팡은 이미 전국으로 퍼져서 누구나 쓴다. 귀여운 발음에 야무진 힘을 실어 쓰고자 하는 이는 지역을 막론하고 쓴다.

[행길]

그 도적도 자동차에서 나려 행길로
슬슬 걸어나려 갔었다.

아서 벤저민 리브, 추리소설 「엘렌의 공(功)」(김동성 옮김)

『동아일보』, 1921년 연재.

사람이 다니면 길이 생긴다. 사람이 삶을 도모하면서 오가야 하는 곳, 사람과 사람이 서로 교류하면서 오가는 곳에 생기는 것이다. 그런데 오가는 사람이 많고 바퀴가 달린 차가 오가려면 차의 폭만큼 넓고 평평한 길이 필요하다. 과거의 길은 사람의 발자국을 따라 자연스럽게 거미줄처럼 나지만 이러한 길은 효율성을 높이기 위해 넓고 반듯해야 한다. 새로운 개념의 길이 필요하게 된 것이다.

이 길을 뭐라 불러야 할까? 이제까지 없던 길을 새로 만드는 것이니 역시 한자가 소환돼 '신작로'新作路로 불렸다. 단어 자체의 뜻은 새로 만든 길이지만 실제로는 넓고 평탄한 길을 가리킬 때가 더 많다. 이런 멋진 길의 이름을 한자어에 오롯이 내줄 수는 없는 터, 우리는 '한길'이란 단어를 만들었다. '한'은 보통은 크다는 뜻이지만 이때는 넓다는 뜻에 가깝다.

그런데 말이 사람들 입에 많이 오르내리다 보면 변하게 된다. '아기'가 '애기'가 되듯이 '한길'이 '핸길'이 된다. 표준어에서는 인정하지 않지만 서울말에서도 이 현상은 꽤나 많이 나타난다. 여기에서 끝이 아니다. '한'의 받침 'ㄴ'을 발음할 때 우리의 발음 기관은 뒤따르는 'ㄱ'을 미리 준비한다. 그 결과 'ㄴ'은 'ㄱ'과 가까운 'ㅇ'으로 바뀐다. 이러한 현상 또한 표준 발음에서는 인정하지 않지만 서울말에서도 '행길'이 된다.

'행길'이나 이것의 한자어인 '신작로'란 말은 촌스러운 사투리로 들린다. 하지만 신작로는 사람이 많고 물자가 많이 오가는 서울에서 가장 먼저 만들어진 말일 가능성이 높다. 그러니 '한길' 또한 서울에서 가장 먼저 쓰였을 가능성이 높다. 어쩌면 서울에서는 '한길'이었는데 이 말이 각지의 신작로로 뻗어나가면서 '행길'이 된 후 서울로 다시 들어와 굳어졌을 가능성도 있다.

[비웃]

아아니, 요새 웬 비웃이 그리 비싸우.

박태원, 『천변풍경』(박문서관, 1938)

코를 뚫을 듯한 지독한, 입천장이 훌떡 벗겨질 정도의 강한 암모니아의 습격을 받으며 즐기는 음식이 있다. 전라도의 잔칫상에 이게 없다면 잔치 취급을 못 받는다는 그것, 바로 홍어다. 홍어 얘기가 나올 때마다 함께 소환되는 음식이 있으니 청어를 발효시킨 스웨덴의 '수르스트뢰밍'Surströmming이다. 둘 다 음식이긴 하되 '맛부심'의 싸움이 아니라 '악취부심'의 싸움에서 소환된다.

청어는 매우 흔한 생선이었다. 고등어, 꽁치 등과 마찬가지로 등은 푸른색을 띤다. 등 푸른 생선 중 으뜸이니 그 이름도 푸르다는 뜻의 한자가 쓰인 '靑魚'다. 구이, 조림 등 어떻게 요리해도 맛있으니 서민의 사랑을 듬뿍 받은 생선이기도 하다.

서울 사람들은 이 생선을 '비웃'이라 했다. 서울뿐만 아니라 주변의 경기도 그리고 인접한 강원도에서도 비웃이라 했다. 왜 비웃인지 알 수 없다. 아주 이른 시기의 한글 문헌에는 '비웆'이라 나오는데 받침의 'ㄷ'이 'ㅅ'으로 바뀌었을 뿐 옛날부터 그대로 이어져 내려오는 말이다. '비웃' 대신 굳이 한자어 이름 '청어'를 쓸 이유는 없지만 늘 그렇듯이 한자어에 밀려나 버렸다.

요즘에도 청어가 가끔 소환되는데 바로 과메기 때문이다. 기름기가 많은 등 푸른 생선을 손질해 겨울바람에 말리면 독특한 향취와 식감의 과메기가 만들어진다. 요즘에는 훨씬 더 많이 잡히는 꽁치로 만들지만 그 시작은 청어로 보기도 한다. 청어의 내장만 빼내고 통째로 말리는 것은 여간 힘든 것이 아니어서 요즘은 거의 보기 어렵다.

요즘 사람은 청어는 알지만 비웃은 모른다. 수르스트뢰밍은 알지만 청어 과메기는 알지 못한다. 옛 서울말에 대한 무지, 우리 음식에 대한 무관심을 비웃을 일은 아니다. 비웃을 청어로 대체해서 써도 그 구이의 맛은 여전히 고소하고 말린 것의 맛과 향은 독특하다.

[버마재비]

냄새를 가지고 서로 속삭인다는
버마재비, 더듬이가 멋있게 생겼지요?

「몇십 리 밖의 꽃도 냄새로」 『경향신문』 1962년 11월 16일 자

잘생기기로는 다섯 손가락 안에 드는 배우가 거울 앞에서 삭발을 하고 어린 소녀를 구하러 나선다. 이 영화의 제목은 『아재』다. 이랬다면 영화는 '폭망'했을 것이다. '아저씨'도 고리타분한 냄새가 나지만 '아재'는 참을 수 없을 정도다. 요즘 젊은이들에게는 뒤에 '개그'가 붙어야지 가장 어울릴 만한 단어이기도 하다.

'아재'는 경상도 말이라 생각하는 이가 많지만 그렇지 않다. 함경도 말에서는 이모, 고모, 숙모를 부를 때도 널리 쓰이는 말이다. 그런데 '아재'나 '아저씨' 모두 '아자비'에 기원을 두고 있다. '아자비'는 작거나 다음 차례를 뜻하는 '앛'과 아비가 결합된 말이다. 보통 아버지의 사촌, 육촌 형제를 가리킨다.

'아자비'가 '아재비'가 된 후 끝소리가 떨어져 '아재'가 되거나 가운뎃소리가 변한 후 '씨'가 붙어 '아저씨'가 되었다. 그런데 '아재비'는 여전히 많은 흔적을 남기고 있는데 특히 동물이나 식물의 이름에서 그렇다. 같은 종이거나 생김이 비슷한데 크기가 좀 다른 것이 있으면 그 뒤에 '아재비'를 붙이는데 '꽁치아재비'나 '미나리아재비'에서 확인할 수 있다.

그런데 '버마재비'는 좀 엉뚱하다. '범 + 아재비'이니 호랑이를 닮은 고양잇과 동물이어야 한다. 하지만 엉뚱하게도 곤충인 '사마귀'의 다른 말이다. 곤충이기는 하나 생김새를 보면 그 이름이 어울리기도 한다. 커다란 눈, 단단하고 긴 목, 무엇보다도 무시무시해 보이는 앞발이 그렇다.

서울 사람들은 사마귀를 점잖게 부를 때 버마재비라 했다. 사마귀가 피부에 비정상적으로 돋은 조직을 가리키기도 하니 이와 구별하려는 목적이기도 하겠다. 그러나 무엇보다도 커다란 수레에 맞서는 사마귀를 뜻하는 '당랑거철'을 생각하면 역시 버마재비가 어울린다.

[가위 바위 보]

초저녁 별이 떠오를 때면 생각이 나는
숱한 사연들 이제 또 다시 그리워지면
가위 바위 가위 바위 보

이정식 작사·이정희 노래, 「가위 바위 보」(1982)

골목길에서 "안 내면 진다, 가위바위보"를 외치는 꼬마들을 보면 그렇게 귀여울 수가 없다. '안 내면 진다'는 과거에는 없었던 말이다. '가위바위보'에 선율이 붙는데 이 선율 또한 과거와 다르고 지역마다 다르다. 아니 그보다 더 다른 것은 '가위바위보'다. 일제 강점기를 살았던 이들 그리고 그들에게 영향을 받은 이들은 '가위바위보' 대신 '짱껨뽀'를 쓰거나 기억하고 있기 때문이다.

이 놀이의 기원이나 생성 시기를 명확하게 알 수는 없다. 그래도 분명한 것은 만들기 쉽고 구별하기 쉬운 손가락 모양을 놀이에 이용한다는 것이다. 모든 손가락을 오므린 것과 편 것이 가장 쉽고도 구별이 잘 되니 차례로 '주먹'과 '보'이다. 그 다음으로 쉬운 동작은 손가락 한두 개를 내미는 '가위'이다.

'주먹'과 '가위'는 분명히 고유어이고 '보'洑는 한자어이다. '주먹'은 구호에서도 알 수 있듯이 '바위'로 통한다. 가위로 바위를 자를 수 없으니 주먹은 가위를 이긴다. 가위는 보자기를 자를 수 있으니 가위는 보자기를 이긴다. 보자기는 바위를 둘러쌀 수 있으니 보는 바위를 이긴다.

'가위바위보'란 말은 1950년대의 신문에서나 보인다. 이 시기에는 모두 '짱껨뽀'나 '짱껭뽕' 등등의 말을 썼으니 일본어의 영향이 꽤나 컸음을 알 수 있다. 다양한 변이형을 통해 일본어의 영향이 전국적으로 미쳤다는 것도 확인할 수 있다. 이를 몰아내려는 투쟁 끝에 가위바위보가 자리를 잡은 것이다.

'가위'가 '가새'로 나타나는 방언이 꽤 있다. '바위'도 '방구'나 '방우' 등의 다양한 방언형이 보인다. 그러나 이 놀이에서 구호를 외칠 때는 늘 '가위'와 '바위'만 쓰인다. 짱껨뽀를 밀어낸 것이 국어순화를 위한 눈물겨운 투쟁의 결과인지 아닌지 알 수는 없다. 그러나 적어도 서울말의 승리인 것은 확실하다.

[송두리]

꿩이 잡으만 도망가지 말라고
송두리에 넣어.

한성우, 『강화 토박이말 연구』(보고사, 2016)

세상에 하나밖에 없는 것은 좋은 것인가? 말을 연구하는 이들에게 유일한 예는 영 달갑지 않다. '오솔길'에서 '오솔'은 무엇일까? '길'이 분석되니 '오솔'이란 단어가 있을 텐데 이 단어에서만 나타나기 때문에 그 뜻을 그저 짐작할 뿐이다. '송두리'도 마찬가지다. 요즘에는 '송두리째'로 쓰는데 그 정체가 불분명하다.

사전은 '있는 것의 전부'라고 풀이하는데 이 풀이만으로는 성에 차지 않는다. 이 뜻만 보면 '모조리'와 별반 다르지 않다. '송두리'가 이런 뜻이라면 '송두리째'는 어찌 된 일인가? '모조리째'란 말은 안 쓰지 않는가. 하나로 묶을 수 있는 것을 '통'이라 하고 이것을 '통째'로도 쓰니 '송두리'도 다른 뜻이 있지 않을까?

강화도 방언 조사 때 들은 "꿩이 잡으만 도망가지 말라고 송두리에 넣어"란 한 문장이 귀를 뚫고 머리를 반짝이게 한다. 이 말 속의 송두리는 바로 구럭이다! '게도 구럭도 다 잃는다'는 표현 속의 구럭이다. 이 말을 바꾸면 '게도 송두리도 다 잃는다' 아닌가? 송두리의 정체는 이렇게 우연히 밝혀진다.

사라지는 모든 것에는 이유가 있다. 대상이 사라지니 말도 사라진다. 짚으로 짠 이 용기가 어떤 이유에서든 쓸모가 떨어지니 자취를 감추고 그 말을 쓸 일이 없으니 말도 사라진다. 말이 사라지는 것은 안타깝지만 그렇다고 말을 박제할 수도 없고 박물관에 가둘 수도 없는 노릇이다. 그것을 대체할 말이나 표현은 남아 있으니 사라지는 것을 마냥 붙잡고 있을 필요도 없다.

사라지는 모든 것은 흔적을 남긴다. 송두리는 사라졌지만 송두리째란 말에 흔적을 남겼으니 말 그대로 송두리가 송두리째 사라진 것은 아니다. 오솔길도 마찬가지일 터, 이 땅의 어딘가에는, 혹은 이 땅의 모든 말의 주인의 기억 속에는 그 흔적이 남아 있을지도 모른다.

[한소끔]

밖에 나갔다가 헐떡거리고 집에
들어서니 마당에 놓인 수돗물은
한소끔 때서 더운물이 되다 말았고

『동아일보』 1953년 7월 10일 자

밥 한 그릇이 되기까지의 동사를 나열해 보자. 대략 '찧다-까부르다-일다-안치다-때다-뜸 들이다-푸다'로 요약할 수 있다. 쌀에 물을 넣어 끓이고 졸이는 방식으로 밥을 '만드는' 다른 나라와 구별되는 표현이다. 특히 가마솥에 안쳐 불을 때고 한바탕 끓어오르고 난 뒤에 불을 줄여 마저 익히는 뜸 들이기가 백미이다.

한소끔은 가마솥에 밥을 지을 때 딱 어울리는 표현이다. 적당히 불을 때면 솥 안의 물이 끓으면서 부르르 밥 거품이 일어난다. 이렇게 한차례 끓여 내는 것이 한소끔 끓이는 것이다. 이때를 잘 맞춰 가마솥 뚜껑을 한 번 열어 준 후 불을 낮춰 은은하게 뜸을 들여야 밥이 타지 않고 골고루 익고 윤기도 자르르 흐른다.

한소끔의 다른 뜻은 일이 한차례로 진행되는 모양이다. 감기에 걸리면 한소끔 앓아야 낫는다. 여럿이 같이 있을 때 누군가 우스갯소리를 하면 한소끔 웃음소리가 퍼지다가 잦아든다. 밥물이 한차례 끓었다 잦아들어야 하니 결국 통하는 말이다.

서울말은 몇 소끔 끓어오르면서 오늘날의 모습을 띠고 있다. 이성계가 도읍으로 정했을 때 한소끔, 임진왜란과 두 차례의 호란을 겪으면서 또 한소끔 그리고 한국전쟁을 치르면서 또 한소끔 끓어올랐다. 이전에는 개성의 말이 끓어올랐고 더 이전에는 경주의 말이 세 나라의 기운을 받아 끓어올랐다.

'찧다'란 말이 시골에서는 여전히 끓어오를 때 서울에서는 사그러들기 시작했다. 방아를 찧어 놓은 쌀을 파는 싸전에서 사다 먹으면 되니 말이다. 방아를 찧지 않으니 '까부르다'란 말도 사라졌다. 기계로 돌을 골라낸 쌀을 사 먹다 보니 조리로 '일다'라는 동사도 사라졌다. 이렇게 몇 소끔 끓고 뜸 들이기를 반복하다 보면 서울말이 어떻게 변할지 아무도 모른다. 물론 지금은 뜸이 아주 잘 들고 있는 시기이다.

[색경]

아내에게 줄 색경을 사러 나온
박 서방은 길가에 붙어 있는 방을
발견했다.

이성욱, 『쇼쇼쇼』(생각의나무, 2004)

매끈한 표면은 모든 것을 반사하니 그 앞에 서면 자신의 모습을 볼 수 있다. 바람이 없는 날의 깊은 산속 옹달샘 앞에 선 동물은 물 위에 비친 모습이 자신의 것인지 몰라 화들짝 놀라지만 인간은 그 속에 비친 모습을 사랑한다. 이것이 거울의 시작이고 물 위에 비친 자신의 모습에 대한 사랑이 자기애의 시작이다.

우리가 늘 접하는 거울은 유리 거울이다. 맑고, 투명하고, 판판한 유리의 뒷면에 금속을 발라 놓은 그것이다. '거울'은 옛 문헌에서는 '거우루'로 나타나는데 어원을 추적할 방법이 없으니 본래 이 말이었다고 볼 수밖에 없다. 한자로는 '鏡'(거울 경)으로 쓰고 얼굴을 비춰볼 때 주로 쓰니 '면경'面鏡이라고도 한다.

새초롬한 표정으로 꽃단장을 하는 서울 아가씨들은 '색경'이란 말을 많이 썼다. 이성욱의 『쇼쇼쇼』에 묘사된 이 장면도 20세기 초의 종로거리 장면이다. 눈에 넣어도 아프지 않은 아내를 예쁘게 비춰 줄 거울을 사러 나온 박 서방이 활동사진에 정신이 팔리는 이야기이지만.

그런데 왜 색경일까? 혹시 온갖 색을 비춰 주는 거울이니 '色鏡'? 아니다. 정확하게 발음하는 이는 '섹경'이라 발음하고 그렇게 쓰기도 하는데 '섹'이 어색해 '색'으로 쓰는 것뿐이다. 본래는 '석경'石鏡인데 '구경'이 '귀경'이 되듯이 음운변화가 일어나 '섹경'이 된 것이다. 물론 이때의 '石'은 돌을 가리키는 것이 아니라 유리의 재료가 되는 광물을 가리키는 말일 뿐이다.

거울은 자기애의 산물이다. 자신의 모습을 보고 싶고, 그 모습을 사랑하고 싶어 하는 이들이 거울을 본다. 색경 앞에서는 돌처럼 굳어져서는 안 된다. 무슨 수를 쓰든 예쁘게 비친 모습을 볼 수 있도록 노력해야 한다. 그래야 자신을 사랑하고 소중히 여길 수 있다.

[나막신]

님 가신 곳을 알아야 알아야지
나막신 우산 보내지 보내 드리지

탁소연 작사·김정애 노래, 「닐니리 맘보」(1959)

나막신을 모르는 이는 별로 없는데 방언 조사를 해 보면 '게다'에서 시작해 '쪼리'를 거쳐 '쓰레빠'까지 나온다. 게다는 일본의 나막신인데 바닥은 나무지만 천으로 만든 줄이 발가락 사이로 나와 발등을 덮는 구조이다. 구조는 비슷한데 다른 재료로 만든 것이 일본의 조리이고 이것의 모양이 서양의 슬리퍼와 같으니 여러 발음이 말 그대로 짬뽕이 돼서 쪼리와 쓰레빠가 된 것이다.

일제 강점기에 일본의 게다와 조리가 전해지면서 나막신이 밀린 것이겠지만 나막신이란 이름이 좀 낯선 탓도 있다. 도대체 '나막'이 뭘까? 나무가 재료이니 '나무신'이 되어야 하는 것이 아닌가? 나무가 방언에서는 '낭구'로 많이 나타나니 '낭구신'이라면 모를까 나막신은 너무 뜬금없지 않은가?

한글 덕분에 15세기 이후의 우리말 발음은 비교적 정확하게 알 수 있지만 그 이전은 부정확한 한자 표기에 의존해야 한다. 나무가 15세기에는 '나모'와 '낢'으로 표기되는데 이는 많은 것을 이야기해 준다. '나모'는 표준어 '나무'의 모태이고 '낢'은 방언에 남아 있는 '낭구'를 설명해 준다.

더 흥미로운 것은 이 두 표기를 통해 그 이전의 '나목'을 추정해 낼 수 있다는 것이다. '나목'에서 'ㄱ'이 탈락하고 'ㆍ'가 'ㅗ'로 바뀌면 '나모'가 되고 'ㆍ'가 탈락하면 '낢'이 된다. 그리고 나막신은 옛 어형의 자취가 그대로 남아 있는 것이 된다. 문제는 나막신이 19세기부터 문헌에 나타난다는 것.

말은 나무처럼 활활 타오르다 숯으로 남기도 한다. 그 숯은 언제든 다시 이글이글 타오르기도 한다. 숯으로 남아 있던 '나막'이 18세기에 나막신의 대중화와 함께 불이 붙은 것일까? 그 불마저 게다·쪼리·쓰레빠에 밀렸지만 우리말 어딘가에는 수많은 숯이 있는 것은 분명한 사실이다.

[불현듯]

이 순간에 오늘 지낸 일이
불현듯 생각이 난다.

현진건, 단편 「빈처」(1921)

불을 켜면 어둠 속에 잠겨 있던 사물이 찰나에 드러난다. 그렇게 우리의 머릿속에서도 불이 반짝이는 순간이 있다. 잊고 지냈던 어릴 적 친구, 감춰 두었던 비상금, 골머리를 썩이던 문제의 해법이 느닷없이 생각나는 순간이 있다. 그 순간을 표현하려고 19세기의 누군가 '불현듯'이란 말에 불을 당긴다.

불현듯은 요즘 서울말로 하자면 '불 켠 듯'이다. '켜다'는 중세국어 '혀다'에 소급하는데 불에 대한 동작은 '켜다'로, 바닷물이 빠지는 현상에 대해서는 '썰물'로 그 흔적을 남기고 있다. 한반도의 남서쪽 지역에서는 불에도 '써다'를 쓰고 있으니 그 지역에서는 '불 썬 듯'이 되어야 할 것이지만 나타나지 않는다.

처음 쓴 이가 누구인지는 모르겠지만 상상력이나 표현력이 놀랍다. '불현듯'은 한자 '急作'(급작)에 어원을 두고 풀이하는 이가 많은 '갑자기'보다 훨씬 생생한 표현이다. 어두워 눈에 보이지 않는 것은 결국 존재하지 않는 것, 그러나 불을 켜는 순간 비로소 존재하는 것이 된다. 그리고 불이 켜져 있는 동안은 그 모든 것이 현실 속에 살아 있는 것이 된다.

누군가 더 상상력을 발휘해 잠깐 나타났다 사라지는 것을 표현하고자 한다면 '벼락친듯'도 만들어 낼 법하다. 그러나 이 표현은 그저 급히 일을 몰아서 하는 것을 가리키는 '벼락치기'로만 남아 있다. 깨달음이 늦은 사람을 형광등에 비유하고 정신이 들고 나는 것을 불이 깜빡인다고 표현하니 그 느낌이 생생하게 남아 있다.

'불현듯'에 제일 많이 따라오는 말이 '생각나다'이다. 그 대상이 잊지 말아야 할 사람이라면 당장 전화를 거는 것이 좋겠다. 그 대상이 새로운 생각이라면 바로 불을 밝히고 메모를 해 두는 것도 좋겠다. 물론 그 대상이 아스라한 옛사랑이라면 그 불은 당장 끄는 것이 좋겠다.

[휘뚜루마뚜루]

무계획적으로 휘뚜루마뚜루
돌아다니고 싶다.

이희승, 『먹추의 말참견』(일조각, 1975)

눈에 불을 켜고 귀를 쫑긋 세워 주변을 두루 둘러보아도 '휘뚜루'란 말을 찾을 수 없다. 스무 해 전 한 방송작가와 아나운서가 '휘뚜루마뚜루'란 말을 두고 말싸움을 벌이던 것을 본 기억밖에. 그런데 깐깐하기 이를 데 없어 보이는 딸깍발이의 후예 이희승 선생님의 책에서 '휘뚜루마뚜루'가 보인다. 아무리 제목에 '먹추'가 들어갔다지만 닥치는 대로 대충 살 분이 아니니 더 낯설다.

'휘뚜루마뚜루'는 이것저것 가리지 않고 닥치는 대로 마구 해치우는 모양을 가리킨다. 말의 뜻·소리·글자의 생김새 모두 그저 아무런 고민 없이 만들어진 것처럼 보이기도 한다. 그런데 세종대왕 당시의 문헌에 '횟두루'가 나타나기 시작한 이래 현대에 20세기 초기까지 여러 문헌에 나타난다.

옛말의 '횟'은 '마구' 또는 '매우 심하게'의 뜻을 더하는 말인데 이것이 '두르다'에 붙었으니 뭔가를 마구 두른다는 말이다. 단어의 구성과 종류가 다르지만 '휘두르다'와 느낌이 비슷한 말이기도 하다. 소리와 표기가 바뀌어 '휘뚜루'가 된 것에 누군가 운을 맞추어 '마뚜루'까지 붙였다.

면면히 이어져 내려오다 경기도 광주 사람 이희승의 책과 개성 사람 박완서의 책에서도 나타나는 이 말이 어디로 간 것일까? 곱씹어 보면 볼수록 '휘뚜루마뚜루'는 말 그대로 마구 만들어 낸 불량한 단어로 보인다. 그래서 사라진 것일까? 소리와 뜻이 비슷한 '허투루'에 밀려 버린 것일까?

'해방'이 드라마의 주요 키워드가 되는 시대다. 모든 것이 꽉 짜여진 삶에서 벗어나고 싶다면 일석 선생님처럼 무계획적으로 휘뚜루마뚜루 돌아다니는 것도 괜찮을 듯싶다. '불멍'과 '물멍'을 비롯해 '멍'이 유행인 시대다. 휘뚜루마뚜루 다니다 어딘가에서 잠시 멍하니 머물다 일상으로 복귀할 수 있다면.

[눈부처]

내 그대 그리운 눈부처 되리

정호승, 「눈부처」 『외로워도 외롭지 않다』(비채, 2020)

사랑하는 이의 오래된 사진첩을 펼칠 때는 각오해야 한다. 나를 만나기 전 풋풋한 시절의, 손잡고 놀러 가기 딱 좋은 곳에 가서 홀로 찍은, 따뜻한 눈길로 나를 쳐다보는 사진이 있으면 더 그렇다. 사진은 찍히는 사람이 찍는 사람을 눈으로 찍는 법, 사진 속의 눈동자를 보면 눈동자에 동그마니 앉아 있는 사람이 보인다.

눈부처다. 사진 속의 눈동자에 선명하게 남아 있는 그 또는 그녀가 바로 눈부처다. 눈동자에 비친 사람의 형상이 마치 부처 같대서 만들어진 이 말, 누가 만든 말일까? 감성이 최고조에 이른 시인의 작품일 듯싶으나 세종대왕 당시에도 이미 쓰던 말이다.

물론 사진 속의 눈부처는 내가 아닌 나 이전의 사람이다. 왜 버리지 않았을까? 어깨를 끌어안고, 혹은 손을 꼭 잡고 찍은 사진은 버렸는데 이 사진만은 왜 남겼을까? 사진에는 없지만 눈동자에는 남아 있는 그 사람을 내가 못 볼 것이라 생각한 것일까? 미련·추억·아쉬움이 범벅이 되어 차마 버리지 못한 것일까? 마음 한구석에도 여전히 눈부처로 남은 그 사람이 있는 것일까?

서운해할 일이 아니다. 웬수처럼 헤어졌으면, 앙금만이 남았으면 그 사진마저 버렸으리라. 서로가 진심으로 아꼈던 예쁜 사랑을 할 줄 아는 사람이란 증거이기도 하다. 따질 일도 아니다. 눈을 감으면 사라지는 눈부처, 눈앞에 사람이 없으면 맺히지 않는 눈부처다. 사진 속의 그 사람은 더 이상 눈부처가 아니다.

사진첩을 덮고 사랑하는 이의 앞에 가만히 앉아 눈을 바라보면 된다. 그 눈에 내가 살포시 앉아 있으면 된다. 그이의 눈은 맑고 나는 사랑스러우면 된다. 지금, 여기의 눈부처가 바로 나의 형상이면 된다. 그렇게 오래오래 서로의 눈부처로 남아 있으면 된다. 눈을 감기 전까지.

[언니]

빛나는 졸업장을 타신 언니께
꽃다발을 한 아름 선사합니다

윤석중 작사·정순철 곡 「졸업식 노래」(1946)

여학교 졸업식인가? 궁금하면 드라마 『추노』에서 멋진 오빠 장혁이 왜 입에 '언니'를 달고 사는지 알아보면 된다. 또는 여성스러운 말투로 '참기름'을 '챙지름'이라고 맛깔스럽게 말하는 이의 증언을 들어 보면 된다. 본래 서울과 경기 지역에서 '언니'는 여자끼리는 물론 남자끼리도 쓰던 호칭이었다.

언니는 옛 문헌에는 나오지 않다가 20세기 이후에 갑자기 등장해 널리 쓰이기 시작한다. 여자 형제는 한자로는 자매姉妹로 구별되는데 우리말에서는 모두 '누이'이다. 그래서 옛말에서 손위는 '맏누이'이고 손아래는 '아우누이' 또는 '아래누이'였다. 그런데 이는 남자 형제가 여자 형제를 부르는 말이어서 여자 형제끼리는 무엇이라 했을지 분명하지 않다.

혹자는 언니의 기원을 '엇누의'나 '웃누의'에서 찾기도 한다. '엇'은 처음을 나타내고 '웃'은 위를 나타내니 의미상으로는 어느 정도 통한다. 다만 이런 식의 말소리 변화는 일반적인 것이 아니어서 맘에 걸린다. 그리고 '누의'는 여자 형제인데 왜 서울 경기 지역에서는 남자 형제까지 포함하게 되었는지도 설명해야 한다.

그러나 어쩌랴. 어느 때부터인가 손위 여자 형제를 '언니'라 부르게 되었고, 자신의 가정에 시집온 오빠의 배우자까지, 더 나아가 피붙이가 아닌 이웃의 손윗사람에까지 대상이 확대되었다. 서울 경기 지역에서는 남자 형제끼리도 쓰다가 다른 지역에서 쓰지 않으니 결국 그 용법은 사라졌다.

그런데 묘하게도 요즘 남자들이 다시 '언니'를 종종 쓴다. '언니, 왜 이래' 혹은 '언니, 좀 깎아 줘'라고 말할 때의 그 용법이다. 꼭 그리 써야겠다면 말릴 일은 아니다. 다만 상대가 여성이어서 깔보는 말투만 아니라면, 지위가 상대적으로 낮아서 만만하게 대해도 된다는 생각이 아니라면.

[오빠]

옵바…… 저는요 저는요
잘 알았어요

임화, 시 「우리 옵바와 화로」 『조선지광』, 1929년 발표.

'오빠'라는 말을 입에 굴려 보라. 두 번째 음절이 크고 높아지며 악다구니까지 하게 된다면 진짜 오빠가 있는 사람이다. 「오빠는 풍각쟁이야」에 나오는 심술쟁이·욕심쟁이·트집쟁이일 것이다. 1938년의 오빠도 저 모양이었으니 오늘날은 이보다 더한 것이 당연한 이치다.

혹시라도 부산 사람들처럼 '오빠야'의 두 번째 음절에만 힘을 주거나, 박현빈의 「오빠 한번 믿어 봐」란 노래가 생각난다면 이 오빠는 다른 오빠다. 멋지고 믿음직스러운, 지금은 '오빠 동생'이라고 하다가 훗날 '여보 당신'이라고 할지도 모르는 그런 사람이다. 본래 피를 나눈 형제끼리만 쓰던 말이 어느새 울타리를 넘은 사례이다.

임화의 시에 나오는 '옵바'는 피붙이 오빠다. 여기에는 현실 오빠에 대한 증오나 담 넘어 오빠에 대한 설렘은 묻어 있지 않다. 오로지 든든한 오빠에 대한 믿음 그리고 그보다 더 굳건하게 살고자 하는 누이의 결심만 우러난다. 이럴 때는 '오빠'보다는 '오라버니'가 어울린다.

오빠를 맞춤법 이전의 표기인 '옵바'로 쓰면 어원이 어느 정도 드러난다. '옵바'는 '오라비'의 호격형, 즉 오라비를 부를 때 쓰는 말이다. 본래 오라비는 여자가 손위나 아래의 형제 모두에 쓰는 말이었다. 특히 직접 부를 때는 '오라비야' 정도로 썼을 텐데 이것이 '옵바'를 거쳐 '오빠'가 된 것이다.

'오빠'라는 말을 귀에 맴돌려 보라. '나는요 오빠가 좋은 걸 어떡해'라고 부르는 아이유의 「좋은 날」이 먼저 떠올라도 좋다. 그러나 그토록 애타게 부를 만한 오빠인지 생각해 보아야 한다. 임화의 시에 나오는 동생은 오빠의 처지와 마음을 잘 알았다고 되뇌는데 나는 모두에게 그런 오빠였는지, 오빠인지, 오빠일지.

[맙소사]

제절로 피는 '사구라'도 격이 맞지 않는
느낌이 있거든 억지로 만들어 붙일
필요야 업지가 않을까? 그러지 맙소사,
남무아비타불!

「자명종」『조선일보』1927년 4월 27일 자

일상에서 아무렇지도 않게 '맙소사'란 말을 써 본 기억이 있는가? 써 본 기억은 없이 만화 대사나 오래된 영화 속 여주인공의 대사로 들어 본 기억만 많다. 그리고 그 주인공은 『사랑 손님과 어머니』에서의 옥희 같은 서울깍쟁이일 것이다. 그런데 '맙소사'란 말은 도대체 어떻게 생겨났을까?

'하다'를 써서 상대에게 무언가를 요구하는 말을 해 보라. 상대에 따라 '해라, 하게, 하오, 하시오' 등을 쓸 수 있다. 최대한 간절함을 담아서 말해 보라. 기도를 해 본 기억이 있는 이들은 '하옵소서'를 끄집어낼 수 있을 것이다. 그렇다면 반대로 나에게 그리하지 않기를 바라는 간절한 마음을 담아서 말해 보라. 드디어 '하지 마옵소서'에 다다르게 된다.

『독립신문』에는 '독립신문을 많이 사다 보시옵'이란 광고가 눈에 띈다. 조금 오래된 관공서 문서를 보면 '많이 이용하시압'이란 문구도 보인다. 이런 문구에 나타나는 '옵'이나 '압'은 대상에 대한 공손함을 표현하고자 하는 것인데 '맙소사'에도 들어 있는 것이다. 애초에는 상대가 어떤 행동을 하지 말기를 바라는 마음을 표현하는 것이었는데 어느 순간 감탄사로 바뀌었다.

그런데 감탄사로 쓰일 때는 흔히 '하느님 맙소사'와 같은 구로 쓰인다. 이를 말 그대로 풀이하면 '하느님 제발 그리하지 마세요' 정도의 뜻인데 왜 이리 쓰이게 되었을까? 하느님께 벌 받을 일이 많아서 모면해 보려고 쓰게 된 말일까? 아니면 흔히 OMG로 줄여 쓰는 '오 마이 갓'Oh, my god에서 유래한 것일까?

아무리 간절하게 하는 말이어도 '맙소사'란 말을 들은 상대는 결국 자신의 뜻을 꺾고 의도했던 행동을 하지 말아야 한다. 아무래도 하지 말라는 '맙소사'보다는 무언가 하기를 바라는 '합소서'가 낫겠다. 물론 이런 감탄사가 생겨나기는 어렵겠지만.

[시굴]

시굴은 굴묵이 좁잖아여,
서울은 넓은데

한성우, 『서울 토박이말 자료집』(국립국어원, 1997)

대한민국의 서울은 서울이다. 말장난이 아니다. 앞의 '서울'은 수도首都를 뜻하고 뒤의 '서울'은 지명이니 말이 된다. '화산남 한수북'華山南漢水北은 서울의 위치를 특정하는 말이다. 북한산의 남쪽, 한강의 북쪽에 자리 잡은 이 도시는 한자 이름을 쓸 때는 '한양漢陽, 한성漢城, 경성京城'이지만 우리에게는 서울이다.

그렇다면 서울의 반대말은? 이 질문은 아예 성립이 되지 않는다. 도시 이름으로서의 서울은 반대말을 찾을 수 없고, 수도를 가리키는 말로 봐도 수도는 한 나라에 하나만 있으니 말이다. 그러나 '서울'과 '시골'은 어느 정도 반의 관계가 성립하고 '서울내기'와 '시골뜨기'의 반의 관계도 설정할 수 있다.

서울 사람에게는 서울을 제외한 모든 도시가 '시골'이다. 아니 서울 토박이는 한술 더 떠서 '시굴'이라 발음한다. '돈'을 '둔'으로, '골목'을 '굴묵'으로 발음하는 것이 서울 토박이말의 특징이긴 하지만 '시골'을 '시굴'이라 하면 훨씬 더 '시골스럽게' 느껴진다. 시골과 대비되는 말은 '도시' 정도일 텐데 서울은 도시 중의 도시이니 서울 사람의 과한 자부심이 담긴 말이 '시굴'이다.

서울 사람이 시골에 가면 '서울내기 다마네기'란 놀림을 흔히 받는다. 특정한 속성을 가리키는 말인 '내기'가 양파를 뜻하는 '다마네기'와 비슷해 이리 쓰는 것이다. 그런데 서울내기는 '시골뜨기' 혹은 '촌뜨기'란 말로 맞대응을 한다. '뜨기'는 '사팔뜨기'에서 보듯이 결코 좋은 뜻은 아니다.

서울은 하나이니 나머지 지역은 모두 시골이 된다. 시골이 있어야 서울이 있으니 서울이 혼자 잘난 척을 할 일은 아니다. '시골'이 '시굴'로 바뀐 것은 자연스러운 변화일 뿐이다. 요즘 서울 사람의 팔 할은 토박이가 아니다. 그래서일까? 요즘에는 서울에서 '시굴'이란 말이 들리지 않는다.

[반탕]

특히 반탕飯湯 같은 것은
일종곡다—種穀多로서 그 구수한
풍미風味가 반드시 고삽苦澁한 박다薄茶에
비하야 양보할 바 아닌즉

문일평, 「다고사1」(茶故事) 『조선일보』 1936년 12월 6일 자밥은 가마솥에 해야 제맛이다. 기술이 발달해 전기밥솥으로도 가마솥에 지은 밥맛을 흉내 낼 수 있다. 그러나 전기밥솥으로는 누룽지를 만들지 못한다. 가마솥 바닥에 눌러붙은 것을 긁어 고소한 맛을 즐길 수 있는 그것, 물을 부어 한 번 더 끓여 구수한 맛을 즐길 수 있는 그것은 기대하기 어렵다.

사실 누룽지는 원치 않는 결과물이다. 쌀이 귀하던 시절 쌀 한 톨도 아껴 가며 지어 내고자 한 것은 하얀 밥이지 타기 직전의 딱딱한 밥은 아니다. 그래서 누룽지와 함께 긁어서 담은 '글겅이밥'은 아무거나 다 잘 먹는다고, 혹은 고소해서 별미라고 우기는 어머니의 차지가 되기도 했다.

누룽지마저도 알뜰하게 먹는 방법이 있으니 눌은밥을 만드는 것이다. 누룽지에 물을 붓고 한 번 더 끓여 내면 이 또한 훌륭한 밥의 대용이 될 수 있다. 따뜻하고 구수하고 부드러우니 편안하게 먹을 수 있는 눌은밥이다.

눌은밥이 전부는 아니다. 곡기는 남기고 물만 따로 퍼내 후루룩 마실 수 있는 숭늉이 있다. 음식을 먹은 후 먹은 음식을 넘기고 입안을 헹궈야 하는데 방금 먹은 밥과 태생이 같아 전혀 이질감이 없는 후식이다. '밥의 민족'인 우리에게는 더할 수 없이 좋은 음료이다.

이 숭늉의 어원을 한자어 '숙랭'熟冷에서 찾는다. 익혔다가 식었다고? 그것이 숭늉이라고? 아무래도 의심스러운 해석이다. 그래서일까? 서울의 양반가에서는 숭늉을 '반탕'飯湯이라 했다. 밥을 끓여 만든 탕이라는 뜻이니 굳이 한자를 쓴다면 차라리 이 말이 낫겠다. 아니다. 숭늉은 역시 숭늉이라 해야 구수한 맛이 살아난다.

[떠세]

명옥이만 하더라도 툭하면 떠세가,
제 남편 덕에 출세하게 된 것이
아니냐는 것이다.

염상섭, 단편 「돌아온 어머니」(1957)

뜬금없는 말처럼 들리겠지만 한자는 우리를 게으르게 했다. 한자가 들어와 쓰이면서부터 우리가 새로운 단어를 만드는 데 게을러졌다는 뜻이다. 본래 글자 하나가 곧 단어이니 이것이 둘 또는 셋만 모이면 웬만한 사물과 개념은 다 나타낼 수 있고, 굳이 고유어로 단어를 만들 고민을 할 필요가 없다는 것이다.

우리말에 한자어의 비중이 높은 이유도 여기에 있다. 중국에 대한 사대의식 때문에 그런 것이 아니라 한자로 단어를 만들기 쉬우니 한자어가 늘어날 수밖에 없다. '과학·수학·철학' 등의 수없이 많은 학문과 '전기·전자·전류' 등의 과학 용어를 고유어로 해야 했다면 만들기도 어렵고 단어도 길어졌을 것이다.

그런데 문제가 생겼다. 이 편리한 도구를 젊은이들에게 물려주지 않았다. 배우면 쓸모가 있지만 배우기 어려운 것도 문제다. 한자 교육이 축소되거나 소홀해진 것의 옳고 그름은 따로 논해야 하겠으나 결과적으로 이 세대가 한자로 단어를 만들기는 어려워졌다.

그렇지만 창의력이 넘치는 젊은 세대는 가만히 있지 않았다. 한자를 아는 이는 '옥상에서 떨어진 메주' '옥락시'屋落豉라 하겠지만, 이들은 '옥떨메'라 한 것이다. 이 시도는 '아나바다'나 '노찾사'를 거쳐 '집밥, 혼밥, 혼코노' 등에서 한자어 같은 행태를 보이며 진화하고 있다.

재물이나 힘 따위를 내세워 젠체하고 억지를 쓰는 것을 뜻하는 서울말 '떠세'는 젊은이들의 새로운 방식으로 만든 단어처럼 보인다. 앞 세대가 한자를 가르쳐 주지 않아 나름의 방식으로 노력하고 있는 젊은 세대에게 너무 떠세를 부릴 일은 아니다. 그 세대도 '집밥'을 먹고 '혼술'로 외로움을 달래지 않는가?

[신기료장수]

오늘은 몇 켤레나 깁고 고쳤나
텁석부리 할아버지 신기료장수

어효선, 시 「신기료장수」 『소년소녀 세계의 문학』 한국편4
(태극출판사, 1975)

요즘 아이들은 부르지 않지만 '내 양말 빵꾸 났네'로 시작되는 요상한 동요가 있다. 기원을 더듬어 보면 독일의 전래 동요이고 본래 가사는 '내 양말 세모났네'인데 번안된 동요에서는 이 가사가 2절로 밀리고 엉뚱하게 구멍 난 양말이 앞선다. 그런데 이 노래가 요즘은 왜 안 들리는 걸까?

사라진 것이 이 동요뿐이랴. '깁다'란 동사도 사전에는 있지만 실제로 이 말을 써 본 이는 점점 드물어지고 있다. 그도 그럴 것이 구멍 난 양말을 봤어야 이 노래를 부르고 해어진 옷이 있어야 기워 입을 텐데 그럴 기회가 없다. 신발은 더더욱 그렇다. 정말 구두쇠가 아니라면 신발에 해어질 때까지 신는 이는 없다.

다들 짚신을 신던 시절, 가죽으로 만든 갖신은 무척이나 귀한 물건이었다. 사극에 나오는 꽃신도 갖신의 하나, 아끼고 아껴도 닳고 해지기 마련이다. 차마 버릴 수 없으니 골목길이나 저잣거리에서 '신 기우려'라는 외침에 귀를 기울인다. 이리 외치며 신을 깁고 고쳐 주는 이가 '신기료장수'이다.

'매죄료장수'나 '통미려장수'도 있다. '매'는 맷돌인데 마모된 맷돌을 정으로 쪼아 잘 갈리게 고쳐 주는 이가 매죄료장수이다. 마찬가지로 '통 메우려'라고 외치며 구멍난 통을 메워 주던 이가 통미려장수다. 고쳐야 할 대상이 사라졌으니 고치는 사람이 사라지고 뒤이어 말까지 사라졌다.

신발이 해어질 새도 없으니 신기료장수가 부활할 가능성은 없다. 맷돌도 쓰지 않고 구멍 난 통은 버리니 매죄료장수나 통미려장수 역시 그렇다. 오히려 '맘기료, 맘죄료, 맘미려' 장수를 기다려 본다. 험한 세태에 닳아 해어지고 무뎌진 '마음', 총 맞은 것처럼 구멍난 '마음'을 달래 줄 이들 말이다.

[싱아]

나는 마치 상처 난 몸에 붙일 약초를
찾는 짐승처럼 조급하고도 간절하게
산속을 찾아 헤맸지만 싱아는 한 포기도
없었다.

박완서, 『그 많던 싱아는 누가 다 먹었을까』

(웅진닷컴, 1992)

독초가 아닌 한 식물 대부분의 애순은 달큼하다. 이른 봄 푸나무에 물이 오르기 시작할 무렵의 산에는 애순 천지다. '애순'의 '애'는 애호박·애벌빨래·애당초 등에 나타나는 '처음'이란 뜻이다. 땅에서 막 돋아나기 시작하는 순, 나뭇가지의 끝에서 새로 자라나기 시작하는 순, 그것이 애순이다.

나물로 먹는 고사리도 애순이어서 식물도감에 나오는 잎 퍼진 고사리 사진만 아는 사람은 절대로 고사리를 캐지 못한다. 소나무, 아까시나무의 애순은 나물로는 먹지 않지만 산에 올랐을 때 갈증이 나면 먹을 만하다. 막 나오기 시작한 순이어서 질기지도 않고 촉촉한 물기에서 나무 특유의 향도 느껴진다.

애순은 때가 있는 법, 이른 봄을 지낸 산에서의 갈증은 어떻게 해결할까? 박완서를 아는 이들은 그녀의 소설에 나오는 싱아를 찾아 껍질을 벗겨 먹으면 된다. 그러나 금세 '그 많던 싱아는 누가 다 먹었을까?'라는 말이 아닌 '도대체 뭐가 싱아일까?'라는 말이 나올 수밖에 없다. 산에 지천인데 대상과 이름을 연결해 두지 않았으니 모두가 청맹과니가 될 수밖에 없다.

박완서의 소설 제목을 처음 접했을 때 든 의문은 '싱아가 뭘까?'였다. 그도 그럴 것이 그녀의 '싱아'는 내 머릿속에 '셩'으로 저장되어 있기 때문이다. 그녀의 고향인 개성과 경기도 일원에서는 싱아이지만 다른 지역에서는 '시영, 수영' 등으로 불린다. 경상도 지역에서는 '형'을 '싱아'라고 하기도 한다.

개성의 박적골 뒷산에 넘쳐나던 싱아가 인왕산에는 정말 없었던 것일까? 지금의 산에는 싱아가 없는 것일까? 아니다. 존재하지만 인지하지 못하니 없는 것이다. 눈으로는 보지만 이름을 알지 못해 못 부르니 없다고 여기는 것이다. 이 땅의 모든 산에는 싱아가 자란다.

[싱건지와 짠지]

싱건지며 짠지며 것거니 맗읗께
얼릉 오기나 하셔

김유선, 시 「용인 전상서」 『요 엄창 큰 비바리야 냉바리야』

(서정시학, 2007)

반찬이라고 해서 다 같은 반찬은 아니다. '겅거니' 혹은 '건건이'는 반찬과 같은 뜻의 사투리로만 여기는데 그렇지 않다. 본래 반찬은 뭍의 고기든 물의 고기든 '남의 살'로 만든 것을 가리키는 말로 썼다. 그리고 건건이는 초근부터 목피까지 초식동물들과 함께 먹어야 할 모든 먹거리를 가리키는 말로 썼다.

반찬과 건건이의 분화는 먹거리의 희소가치에 따른 것이다. 뭍이나 물에서 고기를 얻는 것은 쉬운 일이 아니다. 사냥과 낚시를 해야 하거나 먹을 것을 가져다 바치고 살 곳을 정성스레 마련해 줘야 비로소 얻을 수 있다. 그럼에도 불구하고 우리 몸은 간절히 동물성 단백질을 원하니 공급이 수요를 따라갈 수 없다. 그러니 비쌀 수밖에. 그러니 귀한 대접을 받을 수밖에.

건건이의 대장은 역시 김치다. 그런데 시에서는 김치가 아닌 '싱건지'와 '짠지'가 등장한다. 싱건지와 짠지는 모두 '지'자 돌림인데 '지'가 곧 김치를 가리킨다. 싱거운 김치라고 해서 소금을 적게 쓴 김치를 가리키는 것은 아니다. 소금물에 삼삼하게 담근 무김치, 바로 동치미를 가리킨다.

그런데 밥 먹자고 권하면서 나열하는 것이 반찬이 아닌 겅거니이다. 진짜 반찬인 고기 몇 점은 있어야 눈길이라도 끌 텐데 싱건지나 짠지가 앞서니 이 밥상은 시골의 지극히 현실적인 밥상이다. 추석이나 설을 비롯한 '밍일'이나 동네 잔치가 있어야 '괴기 귀경'이 가능하다. 갈치나 고등어 자반을 담은 '다라이'를 이고 온 생선 장수 아낙이 다녀가야 비린 것을 맛볼 수 있으니 그렇다.

옛날에는 고기가 진짜 반찬 취급을 받았지만 세상이 바뀌었다. 고기가 흔해졌다고 마냥 먹었다간 병에 시달리기 십상이니 요즘 세상에는 건건이가 건강에 더 이롭다. 짠 음식 또한 건강의 적이니 싱건지에도 눈길을 주는 것이 좋겠다.

[괴발개발]

더구나 새로 글을 깨친 아이들이
어느틈에 분필과 연필로 예방당
안팎에다가 괴발개발 글씨도 쓰고
지저분하게 환도 친다.

심훈, 『상록수』(1936)

손글씨를 쓸 기회가 지극히 줄어들고 있다. 아이들이야 글자와 글을 배우려고 손글씨를 쓴다지만 나이가 들어서는 컴퓨터의 키보드와 스마트폰의 키패드에 익숙해지니 손글씨를 쓸 일은 거의 없다. 그래도 가끔씩 손글씨가 보이긴 하는데 유명인이 사고를 쳤을 때 사과문을 정성스럽게 보이도록 쓸 때, 혹은 진정 어린 마음을 담은 글을 써서 남에게 보이고 싶을 때이다.

'괴발개발'은 손글씨가 전제되어야 하니 요즘은 거의 듣기 어려운 말이 됐다. 아니 그나마 이와 관련이 있어 보이기는 하나 표준어로 인정되지 않는 '개발새발'에 완전히 눌려 있는 상황이다. 삐뚤빼뚤해서 알아보기 힘든 글씨를 가리키는 '괴발개발'은 어느 순간 사전에만 올라 있는 말이 되었다.

그런데 '괴발개발'이 도대체 무슨 뜻일까? '개발'은 그나마 이해가 된다. 사람의 손은 개에게는 앞발이니 손으로 쓴 글씨가 개의 발로 쓴 것처럼 엉터리일 때 쓸 수 있는 말이다. 그렇다면 '괴발'에서 '괴'도 동물일 텐데 이런 동물이 없으니 사람들은 자연스럽게 '새발'로 대체해서 쓰는 형편이다.

답은 고양이에 있다. 요즘은 고양이를 '냥이'라고 줄여 부르는데 옛날 사람들은 '괭이'라고 많이 불렀다. '고양이'의 옛말은 '괴앙이'인데 본래 '괴' 자체가 고양이의 뜻이지만 작은 것을 뜻하는 '앙이'가 덧붙은 것이다. 옛말의 흔적을 잘 보여 주는 함경도 말에서는 지금도 '괴'가 쓰인다.

지금은 '괴'가 거의 안 쓰이니 '괴발'은 아주 오래전에 만들어진 말이다. 그런데 흥미로운 것은 고양이가 '괴'였을 때에는 개는 '가히'였다. 그러니 옛말의 흔적을 잘 남기려면 '가히발 괴발'이 되어야 한다. 말이 수학의 비례식처럼 규칙적으로 변하면 좋으련만 가끔씩은 괴발개발 변하는 것처럼 보이기도 한다.

[두동무니]

윷을 던져 말을 쓰다 보니 말 두 개가
겹치잖어? 그럼 그걸 두동무니라 해.

한성우, 『서울 토박이말 자료집』(국립국어원, 1997)

윷놀이는 윷을 던져 네 마리의 말을 목적지까지 달리게 해야 한다. 상대의 말이 내 말이 있는 발걸음 수만큼 따라오면 잡아먹히게 되지만 내 순서에서는 앞의 말에 뒤의 말을 포갤 수 있다. 이것을 업는다고 하고 포개지는 말의 수에 따라 차례로 '두동무니-석동무니-넉동무니'가 되는데 표준어이자 서울말이다.

그런데 이 규칙을 보면 신드바드의 모험이 생각난다. 신드바드의 어깨 위에 올라타 목을 조이며 절대 내려오지 않는 노인, 그런데 먼 옛날 아라비아에서나 보여야 할 듯한 이 장면이 오늘날 이 땅에서도 보인다. 고개를 숙이고 힘없이 길을 걷는 젊은이의 어깨 위에서 탐욕에 가득 찬 노인이 수없이 보인다.

아이를 낳지 않는 세상, 그래서 늙어 가는 세상에 살고 있다. 키우기 힘들고 잘 키울 자신이 없어서 낳지 않으니 탓할 일은 아니다. 일하며 수입을 얻는 세대에게 세금을 걷어 일선에서 물러난 이들을 먹여 살려야 하는 것이 복지정책이다. 그러니 적은 수의 젊은이들 어깨에 점점 더 많은 노인이 올라탈 수밖에 없다.

사람은 누구나 제 먹을 것은 가지고 태어난다는 믿음에 따라 생기는 대로 아이를 낳은 적이 있었다. 그 아이가 크면 없는 노후에 자신들을 봉양할 거라 믿었다. 그러나 이 두 믿음은 폐기된 지 오래다. 이왕 낳았으면 잘 키워야 하니 적게 낳아 정성을 '몰빵'한다. 그렇게 키워도 미덥지 않으니 노후는 스스로 책임져야 한다.

각각의 세대는 '외동'인데 어깨동무를 하기 시작하면 '두동'이 된다. 본래 각각의 세대는 이렇게 서로가 포개고 업으면서 대를 이어 왔다. 업어서 키운 자식이 커서 부모와 함께 달리다 기운이 달리는 부모를 업고 함께 가는 방식으로. 그러나 남녀가 만나 외동은커녕 '무동'을 추구하니 이 윷판은 더 이상 이어 나가기는 어려운 형국이다.

[마중물]

청계천 피복업계의 노사분쟁의 해결은
이러한 폭발 위험성이 있는 오늘의
노사 문제의 순리적 해결에 일종의
마중물 역할을 했다고 해서 과언이
아니다.

「노사문제의 전망」『조선일보』1980년 4월 20일 자

인간은 마실 물뿐만 아니라 씻고 빨래할 물까지 필요하다. 이 물을 쓰려고 인간은 뜨고, 푸고, 긷는다. 강가나 시냇가에서는 그저 뜨고, 샘물은 푸고, 우물물은 길으면 된다. 차례로 흐르는 물, 고이는 물, 고이게 하는 물이니 물이 풍부한 땅에서나 가능한 일이다. 인간의 삶의 터전이 물가인 이유가 여기에 있다.

그런데 땅속 깊은 곳에 있는 물을 써야 할 때도 있다. 우물을 깊이 파면 물이 고이니 우물에 두레박을 설치하면 된다. 그러나 그보다 깊이 있는 물, 웬만해서는 위로 고이지 않는 물이 있다. 이 물은 뽑아 올려야 쓸 수 있는데 과거에는 언감생심이었다. 그릇에 고인 물 정도는 보릿짚 빨대를 물고 입으로 빨아들일 수 있었지만 땅속 깊은 곳의 물은 기계의 힘을 빌려야 한다.

뽐뿌, 이렇게 써야 맛이 산다. 서양에서 발명되어 들어온 'pump'이니 '펌프'라 써야 맞겠지만 일본을 거쳐 들어오면서 '뽐뿌'란 말로 고정되었다. 서양의 문물이 가장 먼저 들어온 곳은 역시 서울일 터, 서울 사람은 뽐뿌의 혜택을 가장 먼저 보고 그 말도 가장 먼저 썼을 것이다.

이들은 펌프에 꼭 필요한 새로운 말인 '마중물'을 뽐뿌질해 냈다. 펌프는 음압을 이용해 물을 빨아올리는 장치다. 고무로 만든 밸브가 파이프에서 피스톤 운동을 하며 음압을 만든다. 밸브가 파이프 벽을 타고 올라오며 음압이 걸리려면 밸브와 파이프 사이가 밀봉되어야 한다. 이를 위해 고무 밸브 위에 조금 붓는 물이 마중물이다.

마중물을 붓고 펌프에 달린 지렛대 손잡이를 움직이면 '부억부억' 소리가 나다가 물이 울컥 솟아오른다. 기다리던 반가운 님처럼. 그 물이 마중물이다. 어떤 이가 지었을까? 자칫 이름이 없었을 수도 있는 그 물에 이름이 생겼다. 더 많은 물을 뽑아 올릴 수 있는 그 물 이름이 마중물이다.

[아퀴]

그렇다면 우리끼리 만난 김에
아퀴를 지어 두는 것이 좋지를 않소.

<small>현진건, 장편「무영탑」『동아일보』, 1939년 발표.</small>

현진건의 소설에 나오는 '아퀴를 짓다'는 일의 끝마무리를 한다는 뜻인데 이 표현과 용법은 '시골 사람'에게는 도대체 이해가 되지 않는다. '서울 사람'은 '아퀴'를 이렇게 쓸지 몰라도 서울의 사대문 밖만 나가도 전혀 다른 뜻이 되기 때문이다. 경기 이남의 시골 사람에게 '아퀴'는 벌레 먹은 콩이나 팥을 뜻하기 때문이다.

콩이나 팥을 추수해 잘 말린 후 타작을 하고 나면 검고, 노랗고, 빨간 진주 같은 콩이나 팥의 낟알이 남는다. 모든 낟알이 실하고 반들댔으면 좋으련만 낟알 몇 개에는 뭔가가 파먹은 흔적이 남아 있다. 벌레도 먹고살아야 하는 법, 밭의 본래 주인이었던 곤충의 애벌레가 자기 나름대로 생명 활동을 한 흔적이다.

이런 이유로 시골말에서의 아퀴는 전혀 반가운 뜻이 아니다. 그러나 서울말에서는 꼭 필요한 태도나 행동이기도 하다. 손바느질을 하는 이들에게 익숙한 아퀴는 바늘귀에 실을 꿴 후 맨 끝을 옹쳐 매는 행위이다. 이래야 첫 바느질 첫 땀을 뜨고 나도 천에서 실이 빠지지 않는다. 마지막 땀을 뜨고 난 뒤에는 '아퀴'보다는 '매듭'이란 말을 주로 써서 '매듭을 짓는다'와 같이 표현한다.

'매듭'은 옛 문헌에도 많이 등장하지만 '아퀴'는 19세기 후반의 사전에 처음 등장한다. 뜻의 범위나 사용되는 영역도 '매듭'이 훨씬 넓다. 매듭과 비슷한 의미를 가졌던 아퀴가 느지막하게 등장해 쓰였지만 결국 매듭과의 싸움에서 밀려난 것으로 보인다.

다소 엉뚱한 싸움 붙이기이지만 서울말과 시골말이 싸우면 어떤 말이 이길까? 정치·경제·문화 모든 면에서의 서울의 위세 그리고 표준어를 뒷배로 둔 서울말의 힘을 고려하면 서울말이 당연히 이길 듯하다. 그러나 매듭과 경쟁하던 아퀴는 제풀에 사라졌다. '벌레 먹은 콩'이 사전에 오르게 된다면 당연히 '아퀴'가 오를 터이니 이때는 시골말이 판정승을 하는 셈이다.

[세겹살]

도야지 고기의 맛으로 말하면 소와 같이
부위가 많지 아니하나 뒤넙적다리와
배 사이에 있는 세겹살(三枚라 하는)이
제일 맛이 있다하고.

「조선요리-3」『동아일보』 1934년 11월 3일 자

돼지고기에 비계가 많으면 문제지만 살코기만 있어도 맛이 없다. 고기는 단백질의 누린 맛과 지방의 기름진 맛이 조화를 이루어야 제맛이다. 그래서 좋은 쇠고기를 논할 때 언급되는 것이 '마블링'이다. 이 마블링은 살 속에 박힌 지방에 의해 만들어지는 것이니 살코기만을 찾는 이는 질 좋은 고기를 맛볼 가능성이 낮다.

고기의 원천인 동물에 따라, 같은 동물이더라도 부위에 따라 살코기와 지방이 어울리는 양상이 다르다. 소는 지방이 살에 점점이 박혀 대리석 문양이 나타나는 반면 돼지의 배 부위에서는 지방과 살코기가 층을 이뤄 가며 배치된다. 어떤 방식이든 살코기와 지방이 조화를 이뤄 같이 한꺼번에 먹을 수 있을 때 맛있는 부위로 취급된다.

돼지의 배 부위는 지방과 살코기가 먹기 좋게 층을 이룬다. 서양에서는 이를 얇게 저며 '베이컨'이라 하고 우리는 이 부위를 지방과 살코기가 세 층을 이루도록 잘라 '삼겹살'이란 이름을 붙여 즐겨 먹는다.

요즘은 삼겹살이 돼지고기의 대명사처럼 인식되지만 삼겹살의 역사는 그리 오래지 않다. 고기가 넉넉하지 않은 상황에서는 부위를 가리지 않고 닥치는 대로 먹는다. 고기가 넉넉하거나 주머니 사정이 좋아야만 특정 부위만 주문해서 먹을 수 있다. 이런 이유로 '삼겹살'은 1950년대 후반에 비로소 신문에 나온다.

그런데 삼겹살의 출연이 늦은 이유는 따로 있다. 요즘은 모두가 삼겹살이라 부르지만 서울 사람들은 이 부위를 '세겹살'이라고 불렀다. 세겹살은 1930년대의 신문에서도 확인된다. 나이를 헤아릴 때 '삼 살'은 이상하다. 이와 마찬가지로 '세 겹'은 자연스럽지만 '삼겹'은 이상하다. 그러나 어쩌랴. 본래 '세겹살'이었지만 한자가 끼어든 '삼겹살'에 먹힌 상황이다.

[어이며느리]

어이며느리 명을 잣고 있다가 물레
돌리던 손을 멈추고 이쪽을 돌아봤다.

한무숙, 단편 「돌」 『문학예술』, 1955년 발표.

한자는 글자 하나가 곧 단어이지만 시간이 지나면서 둘 이상의 한자가 만나 새로운 단어를 만들어 나간다. 한자 둘이 특별한 관계 없이 만나는 경우도 있지만 의미상 관련이 있는 한자가 만나기도 한다. 뜻이 서로 반대인 한자가 서로 어울리는 경우도 흔한데 '장단'長短 '생사'生死 등 수없이 많은 예를 찾을 수 있다.

가족관계를 나타내는 단어에서도 이런 예를 많이 찾을 수 있다. '부모'父母는 서로 뜻이 반대인 한자가 모인 것일까? 아버지와 어머니의 성별을 따져 보면 뜻이 서로 반대인 것처럼 보인다. '형제'兄弟는 태어난 순서에 따라 구별되니 역시 서로 반대의 뜻으로 볼 수 있다.

그런데 '부자'父子 '모녀'母女에서 헷갈리기 시작하여 '부녀'父女 '모자'母子까지 가면 더 헷갈린다. 이런 단어를 이루는 각각의 요소는 어떻게 보느냐에 따라 서로 반대되는 뜻을 가졌다고 볼 수 있다. 그리고 이런 단어에서는 둘의 뜻이 반대이더라도 특별한 적개심이나 위기의식이 느껴지지 않는다.

그러나 '고부'姑婦에 이르러서는 상황이 달라져 뭔가 살벌함이 느껴진다. 이 둘이 반대말이 되려면 사이에 '아들'子이 있어야 한다. 아들의 짝을 지어 주는 순간 앞에 어머니는 '시'媤가 붙는 새로운 어머니가 되고 그 아들과 결혼하는 순간 '여자'婦는 '아들의 여자'子婦가 된다.

아들을 사이에 둔 두 여자이니 서로 사랑하는 사이이면 좋으련만 대개는 원수지간이 된다. 그러나 서울말 '어이며느리'에서는 느낌이 달라진다. '어이'는 '어머니'媤母이니 '어이며느리'子婦는 '고부'와 같은 말이다. 그러나 한무숙의 소설에서 어이며느리는 엄마와 딸처럼 사이좋게 어울려 무명실을 잣고 있다. 고유어의 힘일까?

[애최]

아마 애최 최 서방이 그 애한테 말을
전하지 않았는지도 모르지 않아요?

박태원, 『천변풍경』(박문서관, 1938)

호박은 두 종류다. 호박의 생장에 따라 '애호박'과 '늙은 호박' 두 종류가 있다. 사람 역시 두 부류다. 이 역시 수많은 인종을 말하는 것이 아니라 나이에 따라 '애'와 '어른' 두 부류로 나눌 수 있다. 이렇게 하면 '애호박'과 '애'가 하나로 묶인다. 둘 다 '애'가 들어가 있으니 잘 어울리는 듯하다.

하지만 혹시라도 길고 짧음으로 단어를 구별할 수 있다면 두 '애'의 길이를 비교해 보라. '애호박'의 '애'는 짧은데 '애'는 길다. 그렇다. 둘은 다른 단어인 것이다. 애호박뿐만 아니라 '애벌레' '애돼지' 등 동식물의 어린 것을 가리킬 때 '애'가 들어가니 이 때의 '애'는 '어른'의 반대말과 같은 단어일 것 같은데 아니다.

'애'는 '아이'가 줄어서 된 것이다. 본래 둘이었던 음절이 하나로 줄면서 길어진 것이다. 하늘을 나는 '새'는 '사이'였는데 이것이 '새'로 줄어들면서 '애'와 마찬가지로 길어졌다. 그렇다면 '애기'는 왜 짧으냐고? '애기'는 '아기'가 변한 것이고 소리는 변했지만 음절의 숫자는 변화가 없으니 길어질 이유가 없다.

애호박의 '애'는 거슬러 올라가면 지금은 쓰이지 않는 반치음(ㅿ)이 포함된 '아ᅀᅵ'였다. 반치음이 사라진 후 두 음절이 하나로 줄었는데 이때는 길어지지 않았으니 알 수 없는 조화 속이다. 이 단어는 맨 처음이란 뜻이다. '동식물의 맨 처음 상태이니 '어리다'와 뜻이 통한다. '애벌'에 쓰일 때는 맨 처음이란 뜻이다.

그런데 이 '애'가 참 묘해서 한자와 잘 결합한다. '애초初―애당초當初―애시당초始當初'에서처럼 처음을 나타내는 '初'와 '始'에 마구 붙는 것이다. 이렇게 한자가 줄줄이 붙어도 뜻은 여전히 맨 처음이다. 서울말에서는 심지어 '애초에'와 결합해 '애최'로도 쓰인다. 당최 왜 이러는지 모르겠다고? '당최'도 '당초에'가 줄어든 것이니 '당최'를 쓰면서 '애최'를 모른다 하면 안 된다.

[백줴]

그놈의 수매가라는 게 백줴 거저 뺏는
것과 다름없으니.

박완서, 『미망』(문학사상, 1990)

낮은 무슨 색깔일까? 그나마 밤은 까만색이라고 말할 수 있지만 낮은 도대체 무슨 색이라고 해야 할지 알 수 없다. 아니다. 우리말을 들여다보면 낮의 색깔이 분명히 명시돼 있으니 '벌건 대낮'에서 그 답을 찾을 수 있다. 그런데 이상하지 않은가? 동틀 무렵과 해 질 무렵의 하늘을 벌겋다고 표현할 수 있겠지만 대낮의 색은 결코 벌겋지 않다.

백줴, 이 말은 서울말은커녕 한국어로도 보이지 않는다. 바로 우리말에 지극히 적게 나타나는 '줴' 때문이다. '줴'는 '줴뜯다' 정도에서 볼 수 있는 '쥐어'의 준말이 '줴'이어서 '쥐다'가 결합한 단어 외에는 전혀 쓰이지 않는다. 그러나 딱 하나 '백줴'가 더 있는데 이 말 또한 '백주에'의 준말이다.

'백주'는 한자로는 '白晝'라 쓰니 '하얀 낮'이란 뜻이다. 그런데 밤의 색을 까맣다고 하는 것이 이상하듯 낮의 색을 하얗다고 하는 것도 이상하다. 밤은 빛이 없는 것이고 빛이 없으면 색도 없다. 반면에 대낮은 환하게 밝으니 온갖 색이 다 보인다. 그러니 백주는 '하얀 낮'이 아니고 '밝은 낮', 곧 '대낮'이나 '한낮'이다.

그런데 왜 '밝은 낮'이 '벌건 대낮'이 되는가? 그 답은 '밝다'와 '붉다'의 뿌리에서 찾을 수 있다. 불을 피우면 붉은 불꽃이 피어오른다. 그 불꽃 때문에 주변은 밝다. 불이 있어 붉고, 불이 있어 밝으니 '붉다'와 '밝다'의 뿌리는 같다. 따라서 '벌건 대낮'은 본래 '밝은 대낮'인 것이다.

밝은 대낮에 나쁜 짓을 하면 훤히 보인다. 박완서의 『미망』에서 나오는 수매는 돈을 치르고 사는 것이지만 도둑질, 혹은 강도질과 다름없다. 벌건 대낮에, 밝은 대낮에, 백주에 그런 짓을 벌이다니. 벌건 대낮의 터무니 없는 나쁜 짓은 전국 각지에서 벌어지지만 서울 한복판에서는 더더욱 용서가 안 된다.

[자방틀]

서울만은 자방틀이 있었어. 그래, 우리
시어모님이 메누리 얻으문 준다고
그래시구는 자방틀 사 놓구 3년이
되도록 다른 사람은 못 만지게 허셨대요.

이규숙 구술·김연옥 편집, 『이 '계동 마님'이 먹은 여든살』
(뿌리깊은나무, 1984)

집안일을 하는 이들이 가장 감사해야 할 발명품은? 역시 냉장고와 세탁기를 들어야 할 것이다. 냉장고가 없었다면 다양한 식재료를 쟁여 두거나 이미 만든 음식을 보관할 수 없다. 세탁기 또한 그러해서 손에 물 마를 일이 없는 이들을 빨래 지옥에서 해방시켜 주었다. 그런데 호롱불을 밝히며 옷을 짓거나 기워야 할 시대라면 재봉틀도 반드시 추가되어야 할 것이다.

재봉틀은 그저 드르륵 밀면 바느질이 되는 것처럼 보이는데 그 작동원리를 보면 고안한 이의 천재적인 발상에 놀라게 된다. 1800년대 초반에 바느질 기계가 발명되었을 때의 이름은 당연히 영어로 '소잉 머신'sewing machine이었다. 이 기계가 일본에 전해진 뒤 뒤의 말만 남겼다가 나중에는 그조차 '미싱'으로 바뀌었다.

이 땅에 재봉틀이 처음 소개된 것은 1877년, 그런데 생경한 이름인 미싱 대신 소잉 머신을 차례로 '재봉'과 '틀'로 번역해 '재봉틀'로 받아들였다. 재미있지 아니한가? 당연히 '틀' 대신 '기'機를 써서 '재봉기'라고 해야 할 듯한데. 아무래도 '베틀'에서 옷감을 짠 후 바느질을 하는 기계이니 운을 맞춰 '틀'을 붙인 듯하다.

재봉틀이 들어온 후 여러 이름으로 불리게 되었다. 흔히 들을 수 있는 말 중의 하나는 '자방침'이었는데 바늘을 뜻하는 '침'針이 결합된 것은 알 수 있는데 그 앞의 '자방'은 어떻게 형성되었는지 분명하게 알기는 어렵다. 다만 사람이 직접 하지 않아도 기계가 스스로 바느질을 하니 '自'(스스로 자)를 유추한 것은 아닌가 하는 추정을 할 수 있을 뿐이다.

서울에서 나고 자란 '차도녀'라면 온통 한자어로 '재봉기'라고 하거나 적어도 표준어인 '재봉틀'이라고 해야 할 듯하지만 자방틀이라고 하는 이도 있다. 서울 사람이라고 모두 표준어를 쓰는 것은 아니다.

[안심찮다]

만약에 노마 아버지가 돌부리에
발을 차이고 화를 냈다 하여도 노파는
역 제 잘못으로 안심찮아 하리라.

현덕, 단편 「남생이」(1938)

한반도의 북쪽 끝에 있는 함경도 말은 다른 지역 사람은 잘 모른다. 겨우 알려진 것이 함경도 말의 말끝인 '했슴메'나 '했지비' 정도이다. 그래도 널리 알려진 표현이라면 영화나 드라마에서 인민군이 등장하면 반드시 뱉어야 하는 대사인 '종 간나 새끼' 정도이다. 이 말은 신분·성·나이 모두에 대한 비하가 담긴 말이다.

그런데 1992년의 한중수교와 북녘 땅의 고난의 행군 때문에 함경도 말을 들을 기회가 많아졌다. 한중수교 이후 이 땅에 온 동포 중 상당수는 연변 출신이고 그중에 함경도 출신이 많기 때문이다. 또한 탈북도 두만강을 건너기 쉬운 함경도 지역에서 먼저 그리고 널리 이루어졌다.

이들에게 친절을 베풀거나 정성을 듬뿍 담은 다소 과분한 선물을 하면 '아슴채케 어째 이러오'란 말을 듣게 된다. 그런데 '아슴채케'란 말의 뜻은 가늠이 되나 도대체 어디서 온 말인지 알 수가 없다. 이 말을 쓰는 이에게 물어도 모른다는 말만 되돌아온다. 함경도 말 전문가 또한 이 말의 구조나 유래를 모른다.

그런데 서울말에 '안심찮다'란 말이 있다. 전라도 말의 '아심찮다'와 함경도 말의 '아슴채이다'을 엮으면 사슬이 만들어진다? '안심'安心은 마음에 동요가 없다는 뜻의 불교 용어이기도 하지만 글자 그대로 마음이 편안하다는 뜻으로 이해해도 된다. 그러니 '안심찮다'는 '안심하지 아니하다'이다.

2대에 걸쳐 방언을 연구해 온 학자의 혜안으로 '아슴채케'의 뿌리가 '안심찮다'에 있다는 것이 밝혀졌다. 마음이 편하지 않으니 결국 '불편하다'는 말과 뜻이 통한다. 그러나 이 표현은 그 마음을 헤아리니 마음속에 부담으로 남는다는 뜻이다. 물론 그 부담을 언젠가 갚거나 상대에게 지워 안심찮은 마음의 무한반복으로 관계를 지속해 가고자 하는 의지의 표현이기도 하다.

[째마리]

양심도 의리도 인정도 똥 대가리도
다 집어치운, 째마리만 모인 쓰레기통이
아닌가?

염상섭, 『무화과』(동아출판사, 1995)

『조선일보』, 1931~1932년 연재.

바람에 과육이 살짝 긁힌 채 발갛게 익은 사과가 있다. 가을볕에 알이 실하게 찼지만 주변의 돌에 눌려 이지러져 자란 고구마도 있다. 씨를 너무 배게 뿌려 튼실하게 자라지 못한 채소가 있다. 장에 내다 팔기는 어렵지만 그렇다고 버릴 수도 없는 노릇이다. 이런 먹거리는 주인이나 이 주인의 노고를 아는 이웃이 먹는다.

보기 좋은 떡이 먹기에도 좋은 것은 만고불변의 이치이다. 그래서 과일과 채소는 색·모양·크기 등이 좋고 고른 것을 최상품으로 친다. 이에 미치지 못하더라도 좀 봐 줄 만한 것은 중품으로서의 가치를 인정받을 수 있다. 그러나 어쩔 수 없이 그에 한참 못 미치는 것도 있다. 물건뿐 아니라 사람도 마찬가지다.

이런 것을 가리켜 서울 사람들은 '째마리'란 말을 썼다. 어원은 알 수 없지만 소리만으로도 느낌이 온다. 결코 좋은 의미로 쓰이지는 않았을 터 작물이나 물건에 쓰는 것은 그나마 나은데 사람에게 써서는 안 될 듯하지만 염상섭의 소설에서도 알 수 있듯이 사람에게 더 많이 쓴다.

사람의 외모를 폄하하는 말은 옛말에 훨씬 더 많았다. 천연두를 앓은 흔적이 남은 얼굴을 뜻하는 '곰보'나 '얽보'가 있다. 윗입술이 갈라진 채 태어난 이를 가리키는 '째보'란 말도 있다. '째마리'란 말을 들으면 자연스럽게 째보가 떠오른다. 사전에는 남되 현실에서는 쓰이지 말아야 하는 말들이다.

그런데 누구인지 모르지만 왠지 서울 깍쟁이일 듯한 이들은 새로운 말로 이런 나쁜 말을 몰아낸다. 째마리를 다른 말로 하면 '못난이'이다. 못난이 과일이나 채소는 제값을 받고 팔기도 어렵다. 그러나 살뜰한 장사꾼은 이런 것에 '맛난이'란 이름을 붙여 저렴하게 판다. 모음 하나 바꾼 마법의 결과다. 이런 마법은 째마리마저 소중한 자원이자 사람이라는 사실을 일깨워 준다.

[젠체하다]

못 쓰기야 왜? 그만 못헌 것도 끼고
젠체 대활보하는 친구가 얼마라구,
저이 형에게 비교허니 그렇지.

이태준, 『딸 삼형제』(1940)

'내가 누군지 아냐?'란 질문에 '네가 누군데?'라는 반문이 이어지고 '내가 나다'란 답이 나오는 대화를 떠올려 보자. 참으로 실없는 대화인데 우리가 쓰는 말 중에 딱 이 대화 상황을 가리키는 말이 있다. 바로 '내로라하다'인데 요즘 말로 하면 '~이 나다'라는 말이다. 주어는 뺀 채 예스러운 말투로 하니 그 뜻이 잘 안 와닿는다.

'내로라하다'는 말은 어떤 분야를 대표할 만하다는 뜻이다. 예를 들면 싸움을 가장 잘하는 이, 음식 솜씨가 가장 좋은 이, 얼굴이 제일 잘생긴 이가 바로 '나'라는 말이다. 스스로가 이렇게 말하는 것은 낯뜨거우니 보통 제삼자가 '내로라하는 이가 모두 모였다' 정도의 표현으로 쓴다.

이와 똑같은 맥락의 서울말이 '젠체하다'이다. 이 단어는 사전에 '잘난 체하다'로 풀이되어 있다. 이 풀이만 보면 '젠'을 '잘난'으로 오해하기 쉽다. 그러나 '젠체하다'는 '저인 체하다'가 줄어든 말이다. 이 말에서 생략된 주어를 복원하자면 '잘난 사람이' 정도가 되니 스스로 자신을 높이는 사람을 비꼬는 말이다.

'젠체하다'는 스스로 잘났다고 하는 말이니 이 말의 주어에 해당하는 이는 영 호감이 안 간다. 그런데 묘하게도 이 말을 하는 사람도 썩 좋게 느껴지지는 않는다. 젠체하는 이가 정말로 잘난 사람일 수 있는데 왠지 그것을 시기하는 듯한 말로 느껴진다. 이 말에서 뭔가 깍쟁이 같다는 느낌이 들기도 한다. 서울 사람, 혹은 서울말에 대해서 다른 지역 사람이 갖는 느낌이기도 하다.

경상도 지역에 가면 이 두 말이 합쳐져 '내가 낸데'라는 말로 나타난다. 영 이상한 말로 느껴지기도 하지만 자부심과 허세가 섞인 말이기도 하다. 이 모두가 '나는 나다'라는 말인데 이 말이 잘난 체가 아니라 자신에 대한 깊은 성찰의 결과 그 본질을 솔직하게 인정하는 말이 아닌 한 좋은 느낌을 주기는 어렵다.

[아우보다]

엄마가 동생을 배문 형한테는
소홀허잖어, 그럼 얼굴이 여위구 그래.
그런 걸 아우본다고 했어.

한성우, 『서울 토박이말 자료집』(국립국어원, 1997)

냉면 때문에 억울한 일이 한둘이 아니다. 천정부지로 치솟는 냉면 값에 마음이 상한 '냉면광'의 한탄이 아니다. '맛의 말'을 집요하게 추적하다 보니 듣게 된 '국수의 설움'이다. 뒤늦게 태어난 동생 때문에 이름마저도 바꿔야 했던 이야기다. 형만한 아우가 없다지만 아우보다 헐한 값에 팔리니 체면도 구겨진 형의 이야기다.

불은 음식의 역사를 바꾸어 놓았다. 불 사용 이전의 인간은 '먹이'를 먹었지만 이후에는 '음식'을 먹게 된 것이다. 굽고·삶고·지지고·볶고·튀겨야 음식이고 날 것의 고기와 풀은 먹이이다. 그러니 진화된 인간은 익힌, 혹은 따뜻한 음식을 먹는다. 밀과 쌀을 가루로 만들어 길게 뽑아 낸 국수 또한 마찬가지다.

따뜻하게 먹는 것이 당연하던 시절에는 국수는 그냥 국수였다. 그런데 얄미운 동생이 생겼다. 펄펄 끓여낸 뒤 차갑게 식은 것도 모자라 살얼음마저 서린 육수, 그리고 삶아서 찬물에 헹궈낸 면을 사려 넣은 냉면이 등장한 것이다. 이것을 '차가운 국수'라는 뜻의 '냉면'冷麵이 되는 것은 당연했다.

그런데 냉면의 인기가 오르자 국수가 찬밥 신세가 되었다. 국수는 잔치 때 손님에게 대접하기에 부족함이 없던 음식이었지만 요즘 잔치에 국수를 대접하면 욕먹는다. 냉면값은 천정부지로 오르지만 국숫값은 그리는 못 올린다. 심지어 냉면의 본고장 평안도에서는 '온면'溫麵이란 이름마저 덧입게 되었다.

이런 상황을 두고 서울말에서는 '아우보다' 또는 '아우타다'라고 표현한다. '아우보다'는 표면적으로는 동생이 생긴다는 뜻인데 결과적으로 형의 몸이 여위게 되니 '아우타다'로 이어진다. 동생이 생기면 젖과 사랑을 아우에게 빼앗기니 여윌 수밖에 없다. 아우를 보는 형은 당장은 서럽겠지만 커서는 든든한 형제가 되니 나쁜 일만은 아니다. 그러나 요즘은 아우는커녕 형을 보기도 어렵다.

[안잠]

누구더러 반말이야. 그래 네 눈엔
내가 너의 집 안잠이나 부엌데기로
뵌단 말이냐?

심훈, 장편 「영원의 미소」 『중앙일보』, 1933년 발표.

아파트가 아닌 가정집을 보면 가끔씩 주방에 딸린 작은 방이 있는 것을 발견하곤 한다. 이 방의 이름을 무엇이라 할까? 안주인의 안방, 남자들의 사랑방, 안방 맞은편의 건넌방은 가장 중요한 생활공간이니 주인·용도·위치에 따라 이름이 비교적 상세히 정해져 있다. 그런데 주방 옆 작은 방을 가리키기에 딱 알맞은 말은 없다.

이 방을 '식모방'이라고 하는 이들이 종종 있다. 말 그대로 남의 집에 고용되어 주로 부엌일을 맡아 하는 여자를 뜻하는 '식모'의 방이다. 식모의 주된 일터인 부엌 가까운 곳에 작은 방을 둔 것이다. 식모에게도 방을 준 것은 고마운 일이지만 가까이서 더 빨리, 그리고 더 많이 일하라는 의미이니 썩 유쾌한 방은 아니다.

이런 방의 유래를 거슬러 올라가다 보면 '안잠자기', 나아가 이를 줄인 '안잠'을 만나게 된다. '안잠'은 집 안에서 자는 잠을 뜻하고 '자기'는 잠을 자는 사람을 뜻한다. 그러니 안잠자기는 단어의 구성요소만 보면 집안에서 자는 사람을 가리킨다. 식구 모두가 집안에서 자는데 굳이 왜 이런 말이 만들어졌을까?

이는 오늘날의 식모를 생각해 보면 된다. 식모는 가족이 아닌, 고용된 사람이다. 이 사람은 출퇴근을 할 수도 있지만 아예 이 가족과 같은 집에 살면서 일을 할 수도 있다. 옛날에도 마찬가지여서 집안일을 돕는 이가 그 집에서 먹고 자고 한다면 그이가 바로 안잠자기인 것이다.

서울 대가댁의 큰 살림을 위해서는 수많은 일손이 필요하다. 이 일은 노비가 맡아서 했는데 그 집에 거주하는 노비가 있는가 하면 따로 집을 두고 출퇴근하는 노비인 '외거노비'도 있었다. 안잠을 자는 이들은 부리기에 좋지만 그 안잠자기에 가족이 있다면 그 잠은 '밖잠'일 수밖에 없다. 그것이 밖잠이 아니라면 혼자서 집도 절도 없이 사는 사람일 터, 그러니 그 안잠이 더 서럽다.

[눈비음]

보기에 미상불 예쁘고 소담스러운
좋은 열매언마는, 눈비음뿐이지 먹는
소용은 못 됨이 가석도 하되.

최남선, 『백두산근참기』(한성도서주식회사, 1927)

아이들의 명절은 '꼬까'나 '때때'로 온다. 둘 다 알록달록하게 곱게 만든 아이의 옷이나 신발을 가리킨다. 이 말에서 아이들의 귀여운 목소리가 들린다면 아직은 우리의 옛말에 대한 감각이 남아 있는 것이다. 아이들의 말버릇 중 하나가 된소리를 많이 쓴다는 것인데 이는 아이들이 특별히 된소리를 좋아해서가 아니라 발음이 아직 부정확한 시기에 저절로 이렇게 나오는 것이다.

이런 말은 어린 시절에 그리고 어린아이에게 주로 쓰는 말이기에 사용 영역이 그리 넓지 못하다. 그래서일까? '꼬까'와 함께 쓰이던 '고까'는 사라진 지 오래고 이 두 말도 최근에는 보고 들은 기억이 별로 없다. 대신 요즘은 흔히 '새 옷' 정도로 그저 뭉뚱그려 말하는 경우가 많다.

어른도 명절에는 꼬까나 때때의 혜택을 받을 수 있는데 그것을 가리키는 말은 아이들의 말과 다르다. 이 빈칸을 채우는 말이 바로 '빔'이다. 명절이나 잔치에 차려입는 옷을 가리키니 아무 때나 쓸 수 있는 꼬까나 때때보다는 뜻이 제한적이다. '설빔'이 가장 흔하고 예전에는 '생일빔'도 심심찮게 썼다.

그런데 '빔'은 왠지 좀 낯설고 외래어 같다. 이것의 원말인 '비음'도 마찬가지이고 한자어일 듯도 하다. 이는 과거에 '꾸미다'란 뜻으로 쓰이던 '빚다'란 동사를 잃어버렸기 때문이다. 세종대왕이 'ㅿ'을 따로 만들었다는 건 당시에 소리가 있었다는 것인데 이 소리가 사라지거나 바뀌면서 이 단어도 함께 사라졌다.

동사는 가도 명사는 남을 수 있는 법. '빚다'는 '꾸미다'가 대신할 수 있지만 '비음'이나 '빔'은 '꾸밈'이 다 표현할 수 없는 의미를 여전히 담아내고 있다. 을지로의 한약방 집 아들 최남선은 그래도 옛말의 흔적을 보여 준다. '눈비음'은 눈으로 보기에 좋게 꾸며 놓은 것이다. 틀림없이 그 시기에는 '눈빔'도 쓰였을 것이다.

[가쾌/집주릅]

굳이 널 시켜 네 집보다
나은 집을 살 테다. 네깟 놈이
천생 가쾌지 별거냐.

이태준, 단편 「복덕방」 『단편집 복덕방』(을유문화사, 1947)

복을 주고 덕을 베푸는 방이 있다. 이름하여 복덕방福德房, 참으로 후하게 좋은 말은 다 가져다 붙였다. 복덕방은 19세기 후반의 사전에도 나오니 꽤 오래된 말이다. '복덕'福德은 선행을 베푼 결과 얻게 되는 복스러운 공덕을 뜻하지만 복덕방은 불교와 관련은 없어 보인다. 그저 서비스업의 한 종류라고 보는 것이 맞겠다.

그럼 복덕방을 지키는 이는 누구일까? 이들의 풍모가 먼저 생각난다. 늙수그레한 이가 뿔테 안경을 쓴 채 동네의 또래와 장기를 두고 있어야 할 것 같다. 빤히 꿰고 있는 저마다의 사정을 동네방네에 두루 퍼뜨릴 입담을 가진 수다쟁이여야 한다. 그런데 이름이 따로 없으니 그냥 복덕방 아저씨, 혹은 할아버지다.

복덕방을 부동산 중개소라고 하면 느낌이 확연히 달라진다. 부동산이란 말이 끼어들면 복덕방 아저씨나 할아버지는 사라지고 '중개업자'가 나타난다. 이리 불리는 사람은 뭔가 약삭빠르고 감언이설을 잘 늘어놓을 듯한 인상을 준다. 어떻게든 거래를 성사시켜 자신의 구전만 챙기면 장땡이라 생각하는.

옛날 서울 사람들은 이들의 이름도 알뜰하게 챙겼다. 한자를 써서 조금 점잖게 일컬을 때는 '가쾌'家儈라 했다. 한자 '儈'(거간 쾌)는 한자 자체도 낯설지만 음은 더 그렇다. 요즘에는 잘 안 쓰는 말이지만 흥정을 붙이는 이를 뜻하는 '거간'을 가리키는 말이다. 고유어로는 '집주름'을 쓰기도 했는데 '집'과 거간을 뜻하는 '주름'이 합쳐진 말이니 결국 가쾌와 같은 말이다.

가쾌든 집주름이든 꼭 있어야 하는 직업이다. 그러나 이들에 대한 대접은 영 시원찮다. 이태준의 소설은 물론 다른 작품도 마찬가지고 우리의 인식 또한 그러하다. 싸움은 말려야 하고 흥정은 붙여야 하지만 그 흥정에 자신의 이득을 너무 많이 붙인다는 생각 때문이리라.

[나쎄]

열여섯 살이면 벌써 남녀를 구별하여
알기 시작할 나쎄다.

박종화, 『임진왜란』(을유문화사, 1958~1961)

벼슬은 과거에 급제하거나 조상을 잘 만나야 얻을 수 있다. 그러나 우리에게는 누구에게나 공평하게 주어지는 벼슬이 하나 있다. 모든 이에게 주어지고 한 해가 갈 때마다 하나씩 높아지는 그런 벼슬이다. 그런 벼슬이 있겠느냐마는 '나이가 벼슬'이란 말이 현실에서 흔히 쓰이는 것이 그 증거이다.

이 말은 딱히 내세울 건 없이 오로지 나이로 위세를 부리려는 것을 비꼬는 말이다. 그러나 우리 사회에서 나이가 그만큼 중요하고 그에 걸맞은 대우를 해 줘야 한다는 암묵적 동의의 결과이기도 하다. 그러다 보니 '나이'가 쓰인 단어나 관용적인 표현이 꽤나 많다. 그중의 하나가 바로 '나쎄'이다.

'나쎄'는 왠지 '낫세'라 쓰고 싶고 실제로 그렇게 쓰인 경우도 있다. 이뿐만 아니라 '낫살'이나 '나잇살'도 쓰인다. 이 단어들은 '나이'와 이것을 세는 단위인 '세'歲 또는 '살'이 결합되고 더 나아가 변화한 것으로 보인다. 이들은 어법에는 맞지 않지만 '나이가 몇 살'인지가 워낙 중요하다 보니 굳어져 쓰이는 것이다.

'나쎄, 낫세, 낫살, 나잇살' 등과 흔히 어울리는 말은 '~이나 드신 분'이고 이를 험하게 말하면 '~이나 처먹은 놈'이다. 이는 표면적으로만 보면 나이가 든 사람에 대한 비하로 보인다. 그러나 나이 자체가 문제가 아니라 '나잇값'을 하지 못하는 것에 대한 비난이다. 나이를 먹으면 먹을수록 그에 어울리는 행동거지가 기대되는데 그렇지 못한 이를 보면 자연스럽게 나오는 말이다.

'나쎄'와 '벼슬'이 화학적으로 결합하면 '꼰대'가 된다. 나이는 누구에게나 공평한 것, 태어나 한 살을 먹고 죽을 때까지 한 해에 한 살씩 먹는다. 그 나쎄가 벼슬이 되어 꼰대짓의 이유가 되지 않으려면 이 공평함을 기억하면 된다. 앞선 이도 한때는 내 나쎄였고 뒤에 선 이 또한 언젠간 내 나쎄가 된다.

[젊으신네]

여보 젊으신네, 젊은이 고집이
어떻게 그렇게 세단 말이오.

현진건, 장편「무영탑」『동아일보』, 1939년 발표.

'늙은이'는 비하하는 말인가? 그렇다면 '젊은이'나 '어린이' 또한 그런 말이어야 한다. '점잖다'는 긍정적인 의미인가? 그렇다면 젊은이들에게 사과부터 해야 한다. '점잖다'는 '젊지 아니하다'가 줄어든 말이니 이 말은 작정하고 젊은이를 '디스'하는 말이다. 이렇게 따져 보면 '늙은이'는 결코 비하하는 말이 아니다.

'원로'元老나 '장로'長老에 이르러서는 사정이 달라진다. 앞엣것은 경험과 공로가 많은 사람을 뜻하고 뒤엣것은 나이가 많고 학문과 덕이 높은 사람을 뜻한다. 모두 '늙은이'이지만 비하의 뜻은 없고 존경과 추앙의 뜻만 있다. 이 말을 고유어로 풀면 차례로 '상늙은이'와 '맏늙은이'이지만 말이다.

그렇다면 한자어가 가진 힘일까? '노인'은 중립적인 면이 강한데 '노인네'가 되면 상황이 달라진다. '노인네' 뒤에 찰떡같이 어울리는 말은 '주책이셔' 또는 '노망났나?'이다. '네'는 특정 부류의 사람을 가리키는 고유어이니 고유어가 붙으면 한자어의 위엄을 떨어뜨리는 것처럼 보이기도 한다.

모두가 아니다. '늙기도 설워라커든'인데 그것을 '팩폭'하니 비하하는 의미로 느껴지는 것일 뿐이다. '내 나이가 어때서?'라고 물으면서 '오늘이 가장 젊은 날'이라고 외치는 것에서도 알 수 있듯이 젊음은 누구나 간절히 바라는, 가지고 싶은, 돌아갈 수 있으면 좋을 그것이다.

'젊은이'란 호칭은 '늙은이'에게만 허용된다. 나이가 지긋이 들지 않고는 이 말을 쓸 수 없다. 그런데 '젊은이'는 본래 '젊은 이'이니 단어 하나를 바꿔 '젊은 것', 나아가 싸잡아서 '젊은 것들'이라 하면 '늙은이'의 분노가 느껴진다. 그럴 때면 서울내기 현진건의 소설에 나오는 '젊으신네'를 떠올려 봄 직하다. 누구나 그리워하는 젊은 시절을 사는 이들이니 아끼고 높여 봄이 어떠할까?

[새로에]

남과 시비하는 일은새로에,
골내는 것을 한 번도 본 일이 없었다.

이희승, 『먹추의 말참견』(일조각, 1975)

드라마 속의 멋진 주인공이 이름마저 새롭다면 더 기억에 남는다. 드라마 『이태원 클라쓰』의 주인공인 '박새로이'가 그 예다. 드라마에서는 이런 멋진 이름을 갖게 된 배경을 따로 설명하지 않는다. 그러나 맨 처음 것을 뜻하는 '새', 여기에서 파생된 '새로' 그리고 한번 더 파생된 '새로이'는 유추할 수 있다.

이름을 특이하게 짓는 것은 그 이름의 주인공이 잘 기억되게 하는 효과는 있지만 자칫 놀림감이 될 수도 있다. 그러나 멋진 외모의 이 주인공 이름은 따라 하고 싶은 이름이지 놀림감으로 남지는 않을 듯하다. 고유어로 이름을 짓고 싶었던 치과의사들은 '새로이'를 치과의원 이름으로 쓰기도 했다.

이름은 그렇다 치더라도 딸깍발이 선비 이희승 선생의 글에 나오는 '새로에'는 보면 볼수록 새롭다. 뜻은 '~고사하고/그만두고'이고 '커녕'과 용법이 같다. 그래도 '커녕'은 '밥커녕 죽도 못 먹는다'에서 간간히 볼 수 있다. 그러나 '새로에'가 쓰인 사례는 문헌을 샅샅이 뒤지기 전에는 찾기 어렵다.

인천 사람에게 '인천 사투리'를 물으면 '서껀'을 꼽는다. 언뜻 보기에는 낯설지만 '치욕과 희열과 회한과 사랑과 미움서껀의 모든 체험의 무게하고도 충분히 맞먹을 만한 것이었다'와 같은 문맥을 보면 뜻이 가늠이 된다. 모든 느낌이 한데 어울린다는 뜻이니 '섞다'에서 유래한 말이다.

'새로에'나 '서껀'은 다양한 말에 붙어 의미를 더해 주는 보조사다. 이런 단어가 사라지는 것은 명사나 동사 하나가 사라지는 것과 차원이 다르다. 이 말은 어디에나 붙을 수 있으니 특별한 의미를 드러낼 수 있는 만병통치약 하나가 없어지는 것과 마찬가지다. 그러나 이런 옛말은새로에 엊그제 생긴 말과 널리 유행하던 말서껀 다 사라지니 달리 방법이 없다.

[굄]

어려서부터 남의 굄만 받고 곱게 자란
진수는 진지는 하되 끈기가 부족하였다.

한무숙, 중편 『어둠에 갇힌 불꽃들』(문학사상, 1978)

전라도 지역을 다니거나 전라도 사람과 이야기를 나누다 보면 '긘'이란 정체불명의 단어를 만나게 된다. 방언의 말소리에 관심 있는 사람은 이 단어를 발음할 때의 입 모양에 먼저 눈이 간다. 독일어 표기에 종종 등장하는, 'u'에 점 두 개가 찍힌 그 발음이다. 표준발음법에서도 이리 해야 한다고 하지만 대부분이 그리 못하니 입모양이 지조 없이 움직이는 잘못된 발음도 인정하고 있다.

이 말은 대개 '긘 있다'로 쓰이는데 이 표현은 단순히 외모나 성격에 대해서만 묘사하는 것은 아니다. 모나지 않은 외모에 하는 짓이 예뻐서 마음에 쏙 들고 그래서 안 보면 보고 싶은 그런 아이나 젊은 여성에게 쓴다. 외모·행동·성격 등을 종합해서 누구에게나 사랑을 받을 수 있는 대상에게 쓰는 말이다.

이와 같으면서도 다른 서울말이 '굄'이다. 이 발음을 전라도 사람에게 하라면 '긘'과 마찬가지로 입술을 똥그랗게 한 후 지조 있게 끝까지 유지하면서 발음할 것이다. 첫 번째 뜻은 유난히 귀엽게 여겨 사랑한다는 것이지만 두 번째 뜻은 '남의 사랑을 받을 만한 특성'이니 전라도 말의 '긘'과 통한다.

'사랑'은 한자어 같지만 고유어이다. 그러나 옛사람들은 이 말을 입에는 잘 안 올려서 시나 소설에 잘 나타나지 않는다. '사랑하다' 또한 잘 드러나지 않는데 가끔씩 특별히 귀여워하고 사랑한다는 뜻의 '괴다'가 나타난다. 여기서 파생된 것이 '굄'이다. 때로는 '굄성'과 같이 한자 '性'이 붙기도 한다.

'사랑하다'란 고유어를 뒤로하고 요즘 사람들은 굳이 '애정하다'란 한자어를 쓰기도 한다. 그렇게 애정하는 물건은 '애정템'이 되기도 한다. 이것을 대체하기에 딱인 표현이 '굄템'이다. 표기나 발음이 영 어색하겠지만 백 년 전쯤의 '모던 뽀이'나 '모던 껄'은 이리 썼을지도 모른다.

[배라먹다]

한 시간 반이면 냄샌 또 좀 했겠어?
하지만 그 순하디순한 아범이 갇힌 건
억울한데. 그 배라먹다 뒈질 년이나
아주 똥통 속에 가 빠져서 꼭 세 시간만
허우적거리지 않고서.

    박태원, 단편 「골목 안」(1939)

세종대왕의 애창곡이 있다. 제목은 「도로 남」. 제목만 봐서는 왜 그런지 모르니 가사를 봐야 한다. '남이라는 글자에 점 하나를 지우고 님이 되어 만난 사람도'로 시작된다. 모음 하나를 바꾼 것인데 이것이 세종대왕이 모음자를 만든 원리와 통한다. 이어지는 가사에서는 '돈-돌'의 관계를 통해 음절 단위로 모아쓰는 원리까지 설명하니 세종대왕께서 아니 좋아하고 어이하리.

같은 말이지만 모음 하나를 바꾸면 느낌이 확연히 달라지는 것은 우리말의 마법이다. '살살-설설-슬슬'의 차이와 말맛을 우리는 잘 안다. '막다, 놓다'는 '막아, 놓아'라고 쓰지만 '먹다, 죽다'는 '먹어, 죽어'라고 써야 하는 것도 어릴 적부터 몸에 배서 자연스럽게 쓴다.

욕설에서도 자음이나 모음 하나를 바꾸는 효과가 극대화된다. 어원을 알면 차마 쓸 수 없는 욕인 '씨발'과 '절라'가 그 예이다. 앞엣것은 '팔'과 '발'의 교체이기도 하지만 'ㅍ'과 'ㅂ'의 교체이기도 하다. 뒤엣것은 'ㅈㄴ → ㄴㄴ → ㄹㄹ'과 같은 자음의 교체도 볼 수 있지만 '오'를 '어'로 바꾼 효과도 활용하고 있다.

옛 서울 사람들도 이 효과를 모르지 않았다. '배라먹다'는 말은 어법이나 맞춤법 모두에 맞지 않는 말이다. 이 말은 본래 '빌어먹다'인데 '빌다'가 '밸다'가 될 이유가 없다. 만약 어떤 이유에서든 '밸다'로 바뀌었다면 '밸어먹다'가 되어야 한다. 그리고 '밸다'란 말이 있다면 '배라먹다'와 같이 이어 써서는 안 된다.

그러나 욕설을 두고서 이리 따지면 안 된다. 이 말은 '배라먹을!'이란 감탄사나 누군가를 욕할 때 '배라먹을 놈'이라고 할 때 쓴다. '빌어먹을'과 '배라먹을'을 비교해 보라. 입에 착착 감기는 그리고 힐난과 질책이 척척 붙는 말은 역시 '배라먹을'이다. 게다가 맞춤법까지 당당히 어기니 이만한 욕설이 또 어디에 있으랴.

[띠앗]

여하간 견훤의 자식이 여러 어미의
소생으로 띠앗이 좋지 못한 것은.

최남선, 『심춘순례』(1926)

국어책에 '띠앗'이란 단어가 '뙇' 하고 등장한다면 아이들의 눈알이 '띠용' 하고 튀어나올지도 모르겠다. 이건 뭐 우리말 같지도 않고 그렇다고 외래어 같지도 않다. 우리말에 발달한 의성어나 의태어로 보이지만 이는 형제자매 사이의 우애를 나타내는 고유어이고 서울 토박이 최남선은 꽤 즐겨 썼다.

형제끼리, 혹은 자매끼리의 어린 시절을 떠올려 보면 아귀다툼을 한 기억이 더 많이 날 수도 있다. 특히 남매 사이는 무한전쟁을 벌이던 사이일 수도 있다. 오죽하면 '현실남매'는 철천지원수와 같은 뜻으로 쓰이겠는가. 그러나 생각해 보면 한배에서 한 핏줄로 태어난 사이이니 누구보다도 가까운 사이일 수밖에 없다.

연인 사이의 감정은 '사랑' 또는 '애정'이란 말로 표현한다. 친구 사이의 감정은 '우정'으로, 형제자매 사이의 감정은 '우애'로 표현한다. 고유어 '사랑'과 '벗'이 한자 '愛'(사랑 애)와 '友'(벗 우)에 밀려난 상황이다. 그렇다 보니 형제자매 사이의 우애를 가리키는 '띠앗'도 사라져 버렸다.

사랑이든 애정이든 반드시 '사이'가 있기 마련이다. '남-녀, 부-모, 형-제-자-매'의 사이에 사랑 혹은 애정을 주고받는 관계가 맺어진다. 그런데 '사이'를 '틈'의 뜻으로 이해하면 상황은 확연히 달라진다. 이때는 관계의 맺음이 아니라 균열이나 단절이다. 이 '사이'를 '끼리'로 대체하면 상황은 또 달라진다. '끼리'는 모든 '사이'나 '틈'을 하나로 만든다.

띠앗은 '사이'를 전제로 한다. 형-제-자-매 중 어떤 것이든 둘 이상이 조합이 되어야 한다. 그러나 하나만 낳거나 아예 낳지 않는 현실에서는 띠앗은 아예 존재하지 않는다. 때로는 '틈'이 생겨 다투지만 언제든 '끼리'로 묶일 수 있는 존재를 세상에 내어놓아야 하는 의무를 되새기게 하는 말이 '띠앗'이다.

[혼잣손]

과부 설움은 과부가 안다고 혼잣손으로
자식 기르고 사는 여편네끼리 도와 가며
살자고 서 마담이 말했다지만.

박완서, 단편 「흑과부」 『신동아』, 1977년 발표.

어릴 적 고향 마을에서는 품이 많이 드는 모내기 철이 되면 집집마다 한두 사람씩 나와 한 집씩 돌아가며 모내기를 하곤 했다. 이것을 '품마시'라고 했는데 도통 무슨 뜻인지 알 수 없었다. '품'은 팔기도 하니 문제가 없는데 '마시'는 도무지 분석이 안 된다. 그런데 교과서에서는 친절하게 이를 우리 민족의 노동력 공동 활용 방식인 '품앗이'라고 가르쳐 주었다.

그런데 품마시보다 더 고약한 것은 '호라시'였다. 품앗이에 끼지 못하는 이, 품을 살 여력도 없어 혼자 일해야 하는 상황을 가리키는 말이었다. 이 또한 '품앗이'와 운을 맞춘 것이어서 '호라시'가 아니라 '홀앗이'였다. 남의 품에 의지하는 것이 아니라 모든 일을 홀로 앗는 것이다.

박완서의 소설에 나오는 '혼잣손'은 '홀앗이'와 맥이 통한다. 아이는 혼자 낳는 것이 아니니 키우는 것도 부부의 몫, 결국 품앗이가 되어야 한다. 그러나 어떤 이유에서든 혼잣몸이 되었으니 홀로 키워야 한다. 그래도 과부 설움을 아는 과부가 서로를 이해하고 품앗이로 서로 돕자고 했으니 다행이기는 하다.

농촌에서도 품앗이의 전통이 사라진 지 오래다. 품은 여전히 필요한데 이제는 돈을 주고받는 매매의 대상이다. 그래도 가정에서는 품앗이가 전통으로 자리를 잡아 가는 것은 다행이다. 과거에는 육아와 가사 모두 아내의 몫이라고 여겼지만 부부가 같이 해야 하는 것으로 생각하는 이가 많아졌기 때문이다.

그러나 또 다른 홀앗이 또는 혼잣손이 늘어간다. 과거처럼 '검은 머리가 파뿌리 되도록'이 아니라 언제든 갈라설 수 있게 되었고 성년이 아닌 아이는 어느 한쪽의 차지가 되어야 하기 때문이다. 그래도 혼잣손이어서는 안 된다. '둘이손'이든 '같이손'이든 없는 단어라도 만들어 책임을 다하는 것이 도리다.

[눈찌]

수일이의 이상히 뜨는 그 눈찌에서도
그 눈치를 못 차리는 옥주는 아니지마는.

염상섭, 『대를 물려서』(1958)

모든 사소한 싸움의 시작은 말이다. 모르는 사람끼리 티격태격 말이 오가다가 상대에 대한 호칭이 애매해 '당신'이란 말이 등장하면 '뭐? 당신? 당신 지금 나랑 해 보자는 거야?'라는 말로 받아치며 본격적인 싸움이 시작된다. 아는 사람끼리도 뭔가 심사가 틀어지면 '어? 너 말이 좀 짧다'라며 싸움이 시작된다.

　모르는 사람끼리 싸움이 붙는 또 다른 이유는 눈이다. 식당에서 밥을 먹다가 눈길이 마주치면 미소만 짓고 넘어가면 될 것을, 서로 눈싸움을 하다 급기야 눈을 부라린다. '쳐다보다'를 쓰면 양반이다. '째려보다'나 '꼬나보다'는 그나마 표준어인데 기원이나 정체를 알 수 없는 '야리다'까지 등장해 시비가 붙는다.

　말싸움에서는 '말본새'가 문제인데 눈싸움에서는 '눈찌'가 문제다. '말뽄새'로 발음되는 '말본새'는 말하는 태도나 모양새인데 보통 '니 말뽄새가 왜 그 모양이냐?'와 같이 시비조의 말에서나 쓰인다. 그런데 '눈찌'는 처음 보는 단어다. '눈치'와는 비슷하지만 다른 단어이니 주의해야 한다.

　'눈찌'는 흘겨보거나 쏘아보는 눈길을 뜻한다. 사전과 소설에서는 보이지만 요즘에는 거의 쓰이지 않는 말이다. '찌'의 낯섦 때문일까? '팔찌'나 '발찌'에 '찌'가 등장하기는 한다. '손찌검'도 손으로 하는 못된 행동이니 '눈찌'와 통하기는 한다. 그러나 워낙 사용되는 경우가 적다 보니 쓰기에 꺼려지기는 한다.

　어쩌면 소리가 비슷한 '눈치'에 밀려난 것일 수도 있다. '눈치'는 17세기의 문헌에서도 보인다. 반면에 '눈찌'는 1940년에 간행된 사전에서나 보이는데 눈에 생긴 딱지로 풀이되어 있다. 그래도 이 사전에서 '눈매'를 풀이할 때 '이쁘게 생긴 눈찌'로 풀이했으니 오늘날의 의미와 비슷하긴 하다. 어쨌든 '눈찌'는 여러 눈치를 보다 결국 사라지는 운명이 되었다.

[왼나이/올나이]

올나이 61살의 조석근 씨는 60년대 영화의 단골 악역을 도맡았던 배우로 서라벌예전 재학 당시 교수의 추천이 계기가 되었다고 한다.

『한겨레』 1993년 8월 23일 자

2023년 6월 28일 온 국민이 '성은'을 입어 나이 한 살이라도 줄일 기회를 얻게 되었다. 일명 '만 나이 통일법'이 시행되면서 첫 번째 생일을 지나야 한 살을 먹게 된 것이다. 아이들이야 빨리 크고 싶은 생각에 나이를 한 살이라도 더 먹고 싶겠지만 나이가 들수록 젊어지고 싶으니 고마운 법이기도 하다.

사실 우리의 독특한 나이 셈법이 장점도 있다. 아이가 세상에 태어났는데 한 살이 되기 전까지는 나이가 없는 셈이 된다. 첫돌이 지나기 전까지 나이를 물으면 '영살'이든 '빵살'이든 말해야 하는데 어느 것도 나이로는 적절하지 않다. 그러니 갓 태어난 아이에게 나이를 부여하려고 이런 셈법이 생겨난 것이다.

그런데 법안에도 쓰인 '만'이 뭔가 마음에 안 든다. '만'은 해당 나이가 꽉 찼다는 뜻의 한자 '만滿'을 그대로 가져다 쓴 것이다. 한자 하나가 고유어를 꾸미는 말로 쓰인 예가 드무니 매우 특이한 용법이다. 이것이 마음에 안 들었을까? 서울 사람들은 '온'을 앞에 붙여 '온나이' 또는 '욈나이'를 쓴다. '온'은 꽉 찼다는 의미의 접두사이니 한자에서 유래한 '만'을 완벽하게 대체할 수 있다.

서울에서는 '올'을 붙인 '올나이'도 쓰이는데 어원이 문제이다. 보통 '올'이 쓰이면 제철보다 먼저 나온 것을 뜻하는데 이 뜻으로는 올나이가 풀이되지 않는다. '올해'에 쓰이는 '올'로 생각해 볼 수 있는데 나이는 당연히 셈하는 그 시점의 나이이니 모든 나이는 '올해 나이'일 수밖에 없어 역시 잘 와 닿지 않는다.

비슷한 용법으로 쓰이는 '온'을 감안하면 '올곧다'에 쓰인 '올'을 생각해 볼 수 있다. '곧다'에 더해진 '바르다'의 의미를 강화하다 보면 '가득차다'에까지 억지로 다다를 수도 있겠다. 그런데 이제는 이런 고민도 필요 없어졌다. 앞으로 나이는 과거의 온나이 또는 올나이이니 따로 구별할 필요가 없게 되었다.

[서덜/서더리]

수졸들이 잡아 온 생선을 회쳤고
서덜을 모닥불에 구웠다.

김훈, 『칼의 노래』(생각의나무, 2001)

'매운탕'이란 이름은 서럽다. 음식의 이름은 재료·조리·차림 등을 감안해 지어진다. 매운탕 또한 '탕'이 들어 있으니 재료를 넣고 끓여 낸 국물 음식임을 알 수 있다. 문제는 그 앞에 있는 말 '매운'이다. '맵다'는 맛을 나타내는 말인데 그것이 이름에 그대로 쓰인 것이다. 음식의 이름치고는 너무 무성의하지 않은가?

꼭 그렇게 볼 일은 아니다. 생각해 보면 매운탕은 '짠지'와 같은 방법으로 만들어진 단어이다. '지'가 김치를 가리키니 이 음식은 그저 '짠 김치'인 셈이다. 이와 짝을 이루는 싱건지는 싱거운 김치라는 의미이니 이름 치고는 싱겁기 짝이 없다. 중국 요리인 '산랄탕'酸辣汤은 한술 더 뜬다. 우리는 보통 '쏸라탕'이라고 발음하는데 그 이름은 글자 그대로 시큼매콤하다는 뜻으로 지어졌다.

무성의한 이름이 아니더라도 매운탕은 재료 때문에 한번 더 서러워진다. 보통 매운탕은 횟집에서 회를 뜨고 남은 생선 대가리와 뼈를 넣고 끓인 것이다. 물가에 사는 이들은 작은 민물고기를 잡아 통째로 넣어 매운탕을 끓이기도 하지만 모르는 이의 눈에는 손가락 크기의 '잡어'를 넣고 끓인 탕에 불과하다.

그래도 생선 대가리와 뼈에 이름을 붙여 주어야 하지 않을까? 다행스럽게도 서울 사람들은 이를 위해 '서덜'이란 말을 만들었다. 어원은 불분명하지만 물고기의 남은 부위 전체를 가리키는 말이다. 이것이 '서더리'로도 쓰여 매운탕을 '서더리탕'이라고 하기도 한다.

매운 음식, 양념을 잔뜩 넣은 음식은 대개 재료가 보잘것없는 경우가 많다. 비린내와 잡내를 잡아야 하니 어쩔 수 없는 선택이기도 하다. 그래도 싱싱한 채소가 곁들여지니 영향의 균형도 노린 셈이다. 아니, 버려질 부위에서 국물을 내고 살점을 발라먹으니 우리 모두가 '알뜰한 당신'이 되는 셈이다.

[뙈리]

물동일 기냥 일래면 머리가 배기니까
머리에 뙈리를 받쳤져.

한성우, 『서울 토박이말 자료집』(국립국어원, 1997)

한국전쟁을 다룬 영화를 보면 답답하기만 하다. 천으로 된 모자를 썼을지언정 '인민군'은 총을 '드르륵' 갈겨댄다. 그러나 철모는 멋지지만 '국군'의 총은 보잘 것 없어서 '탕탕탕' 하고 쏜다. 일명 '따발총'으로 불리는 자동소총과 '애무왕'(M1) 혹은 '칼빈'이란 이름의 단발식 소총이 맞붙으니 어쩔 수 없는 장면이다.

그런데 이 자동소총의 별명이 왜 '따발총'일까? 가장 먼저 생각할 수 있는 것은 '다발'이다. 총알이 한 발씩 나가는 것이 아니라 여러 발씩 나가니 묶음을 뜻하는 '다발'이나 한자를 붙인 '多發'을 생각할 수 있는 것이다. 그러나 이런 뜻이라면 방아쇠를 한 번 당겨도 연달아 총알이 나간다는 '연발'連發이 맞다.

이 별명의 비밀은 이 소총의 탄창에 있다. 여러 발의 총알을 장전하면서도 길이를 줄이려고 탄창을 둥글게 만들었다. 그 안에 총알이 2열로 둥글게 말려 있으니 최적의 선택이다. 이 탄창을 본 이는 문득 익숙한 생활 도구 하나가 떠올랐다. 바로 물동이를 머리에 일 때 고이는 '똬리'와 모양이 흡사하지 않은가?

'또아리'가 본래의 말일 듯한데 표준어에서는 '똬리'만 인정하고 있다. 이것이 함경도 방언에서는 '또바리'나 '따바리'라 불렸으니 '따발총'이란 이름이 자연스럽게 붙은 것이다. 왜 평안도가 아닌 함경도 말이 붙었나 하고 생각할 수도 있겠지만 북녘 땅에는 평안도뿐만 아니라 함경도와 황해도가 있다.

'똬리'가 표준어라지만 우리는 '또아리'를 더 많이 쓴다. 그리고 이 단어는 반드시 '뱀' 및 '틀다'와 함께 쓰인다. 그런데 어찌 된 일인지 서울 토박이 말에서 '뙈리'가 나타난다. 똬리가 사라졌고 따발총은 기관단총으로 대체되었으니 똬리든 따발총이든 쓰일 일이 드물어졌다. 그러나 언젠가 이 말이 똬리를 틀고 있다 따발총처럼 튀어나올지도 모른다.

[휘갑]

나는 전보 부치고 바로 부산까지
다녀올 터이니 집안일은 마누라가
휘갑을 잘하오.

최찬식, 『추월색』(1912)

층층시하의 뒤숭숭한 재상가에
들어와서 자기 한 몸으로 모든 것을
분별하고 휘갑을 쳐 나가느라 남편과
사이좋게 지낼 생각까지 할 틈이 없었다.

심훈, 장편 「영원의 미소」 『중앙일보』, 1934년 발표.

재봉 골목이나 재봉틀을 파는 매장이 몰려 있는 곳을 가 보면 알쏭달쏭한 말을 만나게 된다. '미싱'부터 시작해 '나나인치, 큐큐, 랍빠, 오바로꾸'가 그것이다. 재봉틀을 영어로는 '소잉 머신'Sewing Machine이라 하는데 그것이 일본에 들어간 후 앞머리가 잘리고 소리가 변해 '미싱'이 된 것이다.

'나나인치'와 '큐큐'는 사연이 더 기구하다. 재봉틀을 만드는 싱어Singer 사에서 새로운 모델을 개발할 때마다 일련번호를 붙였다. 단춧구멍을 가공하는 데 특화된 것이 각각 71번과 99번이다. 이 번호가 일본어로 각각 '나나이치'와 '큐큐'로 읽히는데 그것이 이 땅에 들어와 바뀐 것이다. '이치'가 길이를 나타내는 '인치'로, 심지어 '큐큐'는 알파벳 'QQ'로.

'랍빠'에서는 일본어 냄새가 강하게 난다. 그런데 놀랍게도 랍빠는 '나팔'의 일본식 발음이다. 재봉질의 보조 도구인데 그 모양이 나팔처럼 생겨서 붙여진 이름이다. '오바로꾸'는 더 일본어 냄새가 난다. 예상대로 '오버'Over와 '록'lock의 합성어이다. 헝겊의 올이 풀리지 않도록 휘감는 재봉질이다.

'오바로꾸'는 고유어로 얼마든지 바꾸어 쓸 수 있다. 손바느질에서는 '홈질, 박음질, 공그르기, 새발뜨기, 휘갑치기' 등으로 바느질의 종류를 구별하고 있다. 동사 '호다'와 '공그르다'는 오롯이 바느질을 뜻하는 말이기도 하다. 재봉틀이 없던 시절, 불편해도 이 바느질로 고쟁이부터 두루마기까지 모두 지어 입었다.

'오바로꾸'를 대체할 수 있는 말이 바로 '휘갑치기'이다. '휘갑'은 옷감의 가장자리가 풀리지 않게 하는 바느질이다. 그러나 손바느질할 일이 줄어드니 휘갑이란 말도 사라져 버렸다. 휘갑을 쳐도 말은 빠져나가는 법, 말이 먼저가 아니라 일이 먼저니 어쩔 수 없다.

[몰빵-몰방]

큰길 쪽에서 불이 반짝하더니 탕 소리가
난다. 그러자 쉴 새 없이 몰방을 친다.

이태준, 단편 「농군」(문장, 1933)

영화나 드라마는 가도 주인공의 멋진 대사는 남는다.『타짜』와 『올인』의 멋진 주인공의 대사를 비교해 보자.『타짜』의 대사는 극적이기는 하지만 '손모가지, 쫄리면, 뒈지다'가 영 마음에 안 든다. 반면에 '사랑에 올인'하는『올인』의 대사는 가슴을 설레게 하니『올인』의 판정승이다.

도박판에서 잔뼈가 굵은 두 주인공은 막판에 모든 것을 건다. 이것을 '올인'All in이라 한다. 화투판에서는 잘 어울리지 않으니 보통은 서양에서 유래한 카드 게임에 주로 쓴다. 그런데 뭔가 쫄리지, 아니 '쪽팔리지' 않는가? 이것을 대신할 우리말이 없다니. 아니 있다. '몰빵'이 있지 않은가? 아니다. 이것은 소위 비속어로 치부되지 않는가?

그런데 '몰빵'의 기원을 찾아 거슬러 올라가 보면 이 단어의 사용을 꺼릴 이유는 없다. 이태준의 소설에서 알 수 있듯이 본래 '몰방'이었는데 한자로는 '沒放'이다. 총이나 대포를 한곳에, 그리고 한꺼번에 쏘거나 터뜨린다는 뜻이다. 이순신 장군도 때로는 적의 대장선에 몰방을 하셨을 테니 얼마든지 써도 된다.

그런데 몰방이 왜 몰빵이 되었을까? '발달, 발사, 발전' 등에서 알 수 있듯이 한자어에서는 'ㄹ' 뒤에서 된소리 되는 경우가 있다. 그러나 'ㄹ' 뒤의 소리가 'ㄷ, ㅅ, ㅈ'일 때만 한정된 것으로 '발굴, 발발' 등에서는 된소리가 되지 않는다. 그러니 이 단어는 된소리가 나타나서는 안 된다.

그러나 한자 '沒'(가라앉을 몰)의 뜻이 잘 안 들어오니 고유어 동사 '몰다'와 연관을 짓는다. 그리고 총이나 대포니 소리는 '빵' 소리가 어울릴 듯도 하다. 한자어의 발음이 바뀌고, 그것도 된소리로 바뀌었으니 싫어할 수밖에. 그러나 몰빵을 몰방으로 되돌릴 수는 없다. 모두가 느낌 아니까.

[움딸]

이 마님은 자기 딸을 이 집에 들여보내서
고생을 시키다가
정신 이상이 있는 듯한 남편에게
들볶이다 못해 심화로 죽은 것을
생각하면 움딸이 또 그 지경인 것이
불쌍해서 역성이 시퍼런 것이었다.

염상섭, 『부부』(1956)

헤어지면 남이란 말은 역시 부부 사이에 가장 잘 어울린다. '헤어지면'이란 전제가 붙었으니 그렇지 않으면, 즉 그 전엔 뭐란 말인가? 당연히 가족이다. 부부가 가족이니 각각의 가족에게는 본래 남이었던 며느리나 사위 모두가 가족이다. 그런데 부부로서의 연이 끊긴다면? 요즘에는 이런 상황을 두고 당연히 이혼을 떠올리겠지만 과거에는 어느 한쪽의 사망, 즉 사별을 떠올렸다.

부부마저 헤어지면 남이니 사별한 자식의 배우자는 훨씬 더 먼 남이다. 딸이나 아들이 먼저 세상을 떠서 혼자 남게 된 사위나 며느리는 남이다. 그러나 사람의 인연은 그렇게 쉬이 끊을 수 있는 것이 아니다. 더구나 세상을 뜨기 전에 낳은 아이가 있다면 그 아이에게는 내 피의 반의 반이 흐르니 나 몰라라 할 수도 없다.

그런데 혼자된 사위나 며느리가 재혼을 한단다. 부모의 처지에서는 마냥 서운할 만한 상황이다. 그래도 다른 이를 만나 새로운 가정을 꾸리는 것은 축복할 만한 일이기도 하다. 더욱이 남겨진 아이에게는 아비나 어미가 생겨 부모가 모두 있는 가정에서 자랄 수 있는 기회가 마련된 셈이기도 하다.

이런 상황이면 새로운 가정을 축복하며 인연을 끊어야 할까? 그런데 '움딸'이나 '움누이'란 말은 그렇지 않았음을 증명한다. 움딸은 혼자된 사위의 새로운 배우자를 가리킨다. 움누이 역시 먼저 간 이를 대신할 누이로 여겨서 생긴 말이다. 정말 딸이나 누이로 여겼을지 알 수 없으나 좋은 쪽으로만 생각하는 것이 낫겠다.

그런데 반대의 상황인 '움아들'이나 '움형'이란 말은 없다. 며느리가 다시 결혼하는 것은 '재가'再嫁이니 이는 곧 '남의 집 사람'이 되는 것이다. 며느리가 남의 집 사람이 되게 한 사람을 굳이 아들이나 형이라 부를 이유가 없는 것이다. 요즘은 사별이 아닌 이혼이 많고 그리 되면 '남'을 넘어 '웬수'가 되니 더더욱 그렇다.

[애면글면]

세상에, 이놈의 집구석엔
사람도 없다니까, 애면글면 모은 재산도
애면글면 기른 자식새끼도
다 소용없다니까.

박완서, 『도시의 흉년』(문학사상, 1979)

체온이 정상보다 높으면 심각한 위험을 초래할 수 있다. 우리 몸을 이루는 세포가 파괴되고 심하면 장기가 기능을 잃거나 아예 손상될 수 있기 때문이다. 우리 조상들이 이 사실을 몰랐을 리가 없는데도 우리가 흔히 쓰는 말 중에 장기가 손상될 위험이 있는 말이 있다. 바로 '애가 타다' 혹은 '애가 끓다'가 그것이다.

이 말 속의 '애'는 본래 '창자'를 가리키는 고유어이다. '애가 타다/끓다'는 온도가 높아질 정도가 아니라 아예 익을 정도이니 그 고통을 극단적으로 표현한 것이기도 하다. 이런 용법 때문에 '애'는 초조한 마음속이나 몹시 힘든 수고의 뜻으로 확대돼 쓰이기도 한다. 창자가 끊어지는 아픔 또한 이에 못지 않을 테니 이순신 장군의 시조에서는 '애를 끊다'라는 표현이 나오기도 한다.

'애면글면'이란 단어를 보면 왠지 이 '애'가 생각난다. 사전에서도 '몹시 힘에 겨운 일을 이루려고 갖은 애를 쓰는 모양'이라 정의하고 있으니 뜻도 잘 통한다. 그리고 '끓다'는 본래 '긇다'였으니 '애가 끓다'와 자연스럽게 연결되는 것이다. 그러나 아무리 뜻이 '애가 긇으면서'일지라도 이런 식으로 풀이할 수는 없다.

일상의 대화나 방언 조사에서 이 단어를 접한 기억은 없다. 가끔씩 책에서나 볼 수 있는데 이 경우에도 이 말을 쓰는 이는 어휘력이 꽤 풍부하고 그것을 드러내고 싶어 하는 이어야 한다. 즉 '나 어휘력 뛰어나. 그래서 이런 멋진 말도 알아'라고 말할 것 같은 서울내기에게나 어울릴 만한 말이다.

어휘력이 가장 뛰어난 집단은 '서울의 중류층 여성'이다. 서울은 온갖 물산과 정보가 집중되는 곳이다 보니 물건과 그것을 가지고 온 사람과 접할 수 있다. 중류층은 여러 사람을 두루 접할 수 있다. 여성은 집 안팎의 모든 일에 신경을 쓰다 보니 그렇다. '애면글면'이란 말은 딱 이런 사람이 쓸 만한 말이다.

[꾸미/웃꾸미]

생선탕만을 온전히 맛보자면
쇠고기 꾸미를 넣지 말고 끓여야
한다는 말을 들었더니.

최남선, 『금강예찬』(동명사, 1927)

'고명'과 '꾸미'를 구별할 수 있는가? 고명은 알지만 꾸미를 모르는 이는 애초에 비교가 불가능하다. 꾸미를 아는 이라도 고명과의 차이를 설명하려면 하지 못하는 경우가 많다. 사전에서의 정의를 먼저 밝히지만 고명은 음식의 모양과 빛깔을 돋보이게 하고 음식의 맛을 더하려고 음식 위에 얹거나 뿌리는 것이고, 꾸미는 국이나 찌개에 넣는 고기류를 가리킨다.

방언 조사를 해 보면 '꾸미'의 존재를 모르거나 '고명'과의 차이를 모르는 이가 많은데 서울내기 최남선은 그 뜻을 분명히 밝히고 있다. '꾸미'는 아무래도 '꾸미다'와 관련을 지을 수밖에 없으니 음식의 주재료는 아니다. 그런데 고기로 맛을 꾸미는 것과 각종 고명을 얹어 모양과 맛을 더하는 것이 비슷해 헷갈린다.

국물 음식은 갖은 재료에 물을 넉넉히 잡아 끓여 낸 음식이다. 그런데 이 음식의 핵심이 '건더기'인지 '국물'인지 헷갈린다. 건더기만 있으면 국물 음식이 아니고 건더기가 없으면 '멀국'이나 '말국'이 된다. 국물 맛은 건더기에서 우러나오니 결국은 둘이 조화를 이뤄야 한다.

이 국물과 건더기에 더할 수 있는 것이 꾸미나 고명이다. 꾸미는 아무래도 건더기 쪽에 가깝다. 함께 끓여 부족한 건더기를 보태고 국물의 맛을 더할 수 있다. 반면에 고명은 마지막에 얹으니 꾸미와는 구별된다. 고기붙이로 고명을 만드는 경우도 있지만 이 고기는 맛을 더하는 기능만 있을 뿐이다.

꾸미는 1945년의 사전에서는 '쇠고기를 푼어치로 팔기 위하여 저미어 놓은 것'이라 정의하고 있다. 결국 비싸고 귀해 얇게 저며 놓은 쇠고기를 국의 맛을 더하려고 넣은 것이라고 볼 수밖에 없다. 고기가 넘쳐나는 세상이니 '고기붙이'란 말을 쓰며 고기를 꾸미로 넣을 일이 없어졌고 말도 사라지고 있다.

[대궁]

양반댁 아랫것들은 위에서 남긴 걸
먹잖어, 그렇게 먹으라고 일부러
냉겨 주는 걸 대궁이라구 했어.

한성우, 『서울 토박이말 자료집』(국립국어원, 1997)

영화『광해』를 보면 먹고 싸는 장면이 큰 재미를 준다. 똥은 뒷간에서 싸는 것이 당연하지만 왕은 그마저도 허용되지 않아 많은 사람이 둘러보는 가운데 매화틀에 똥을 싸고 싼 똥을 의원에게 검사까지 받아야 한다. 하선이 평생 못 보던 진수성찬을 앞에 두었으니 많이 먹고 많이 쌀 수밖에 없는 것은 당연했다.

많이 싸는 것은 경하를 받을 일이지만 많이 먹는 것은 문제다. 상을 받은 이의 처지에서는 만든 이의 정성을 생각해서 밥상을 싹싹 비우는 것이 도리이겠지만 궁궐이나 양반가에서는 그렇지가 않다. 왕이 먹고 남긴 음식을 수라간 사람들이 먹고 양반댁 주인네들이 먹다 남긴 음식을 아랫사람들이 먹는데 밥상을 싹싹 긁어먹는 건 다른 사람보고 굶으라는 것이다.

이렇게 보면 이 음식은 '먹다 남은 것'이 아니라 '먹으라고 남긴 것'이 된다. 먹다 남은 음식은 따로 이름을 붙일 이유가 없지만 한자를 쓰기 좋아하는 군대에서는 '잔반'이라 부른다. 이것이 산 넘고 물 건너 '짬밥'이 되어 군대에서 먹는 밥을 뜻하다가 어떤 분야에서의 경험과 경력을 가리키는 말까지 나아갔다.

반면에 먹으라고 남긴 음식은 이름이 있을 만도 하다. 그것이 바로 '대궁'이다. 이 말의 느낌을 가장 잘 드러낼 수 있는 속담이 '대궁 남길 손님은 물 건너부터 알아본다'이다. 먹을 것이 귀한 시절 밥때까지 버티는 손님은 최악이다. 그 손님의 몫은 본래 식구들의 몫, 대궁을 남기지 않으면 식구들이 굶게 된다.

먹을 것이 넘치게 되니 대궁을 남길 일도 없어져 대궁은 잔반 취급을 받는다. 요즘은 음식을 먹다 남기면 '음식 쓰레기'가 되고 그것이 지구를 괴롭히니 지구에 죄를 짓는 일이 된다. 말도 짬밥을 많이 먹으면 큰 위세를 부리다가도 쓰임이 줄어들어 잘 안 쓰이게 되면 어느 순간부터는 잔반 취급을 받게 된다.

[엄벙뗑하다]

철수 자신은 남을 속이지 않는 대신에
자기 자신을 속이고, 그리고 엄벙뗑하고
한평생을 지내 가려는 심사인지도
몰랐다.

박태원, 단편 「옆집 색시」(1933)

전에는 입에다가 대지도 않던 술을
마시기 시작하더니, 집안일을 돌아보지
않고, 세상을 엄벙뗑하는 가운데
보내게 되었다.

나도향, 『어머니』(1924)

우리의 가요 100년사에서 최고의 곡을 꼽으라면 저마다의 기준에 따라 다양한 곡이 뽑힐 것이다. 그 기준을 '시대를 앞선'이라고 제한하면 첫손에 꼽을 만한 노래가 「오빠는 풍각쟁이야」이다. 1930년대에는 해학과 풍자를 곁들인 우스꽝스러운 노래가 유행했는데 그중의 하나로서 지금까지도 자주 소환되는 노래이다.

박향림의 콧소리 섞인 창법, 후렴처럼 곁들여지는 감탄사 '머'도 매력적이지만 천하의 몹쓸 오빠를 그려 낸 작사가 박영호의 솜씨도 대단하다. 그리고 당대의 음악천재, 트로트부터 재즈까지 섭렵했던, 이난영의 남편, 최초의 K-걸그룹 김시스터즈의 아버지인 김해송의 작곡도 시대를 초월한다.

불고기·떡볶이·명치좌·월급·지각 등 당대를 읽을 수 있는 여러 단어가 등장하지만 눈길은 '엄벙뗑'에 머무른다. '심부름시킬 땐 엄벙뗑하고'로 표현했는데 이게 무슨 뜻일까? 노래의 맥락으로도 어느 정도 이해가 되는데 남을 은근슬쩍 속여 넘기거나 상황을 얼김에 무마시키는 것을 뜻한다.

순진한 여동생을 속여 심부름을 보내는 오빠는 못됐지만 이 노래를 듣다 보면 오빠에 대한 미움이 그리 커지지는 않는다. 그 이유 중 하나가 이 오빠가 엄벙뗑하는 오빠이기 때문이기도 하다. 스리슬쩍 속이기는 하지만 그렇다고 악랄한 사기꾼은 아니다. 상대가 눈치챌 줄 알지만 그래도 속이는, 그 말을 듣는 이도 속는 줄 알면서도 속아 주는 그 정도의 속임수이다.

'엄벙뗑'을 대체할 수 있는 말로는 '얼렁뚱땅'이 있다. 사전의 뜻풀이를 보면 이 두 말은 완전히 같은 뜻이다. 이 역시 아주 노회한 솜씨로 누군가를 속인다기보다는 서로가 알면서 속고 속이는 상황에 쓰는 말이다. 서로가 신뢰가 있을 때에는 이런 엄벙뗑이나 얼렁뚱땅은 얼마든지 통할 수 있다. 과거의 오빠와 누이는 적어도 이런 사이였다.

[곕시다]

"이 선생님 곕쇼?" 하고
수건이가 찾아왔다. 반가웠다.

이태준, 단편 「달밤」 『중앙』, 1933년 발표.

"주문하신 커피 나오셨어요. 커트 다 하셨으니 이제 샴푸하실게요"는 많은 이의 귀를 괴롭히는, 한번쯤은 비난해 봤을 표현이다. 서비스업 종사자들이 쓰는 어법에 맞지 않는 과도한 존댓말이다. 그러나 서비스를 제공해야 하는 처지가 되었을 때 써 봤거나 써야 하나 고민했던 말이기도 하다.

괴로워하거나 혀를 차며 비난할 일이 아니다. 말하는 이도 이 말이 어색함을 넘어 잘못된 것을 안다. 갑의 처지에서는 듣기 싫어도 을의 처지가 되어서는 어쩔 수 없이 쓴다. 커피 한 잔을 주문해 놓고는 왕 노릇을 하고 싶어 하는 손님, 미용사를 자신의 머리 관리를 하는 하인 취급하고 싶어 하는 이들 때문이다.

고객님, 문제는 바로 당신이세요. 이 문제의 답은 여기에 있다. 말은 들으라고 하는 것, 듣는 사람이 이리 원하니 어쩔 수 없이 하는 것이다. 생각해 보라. 이 말을 들으면 상대가 나를 극존대하고 있다는 느낌을 받지 않았는가? 혹시 그리 안 하는 이를 보면 서운하거나 괘씸하지 않았는가? 그러니 문제는 듣는 이다.

서울말의 '곕시다' 또한 이러한 말이다. '겨다'는 '있다'의 옛말이다. 이를 높이려는 '겨시다'가 변해 '계시다'가 됐다. 그런데 여기에 'ㅂ' 받침이 또 붙었다. 이는 본래 자신을 낮추려는 말로서 '하옵소서'라고 말할 때의 '옵'과 같은 용법이다. 그런데 '계시다'에 자신을 낮추는 이 말을 쓸 필요가 없다. 당시의 서울 사람도 이렇게 높임에 높임을 더하는 엉터리 표현을 쓴 것이다.

가끔씩 관공서의 문서 말미에 '하시압'이 쓰인다. 이 또한 '하시옵소서'가 줄어든 것인데 별로 높이는 느낌이 들지 않는다. 이태준의 소설에 나오는 '겝쇼'도 마찬가지다. 그렇다. 겉에 드러나는 말은 극존대이지만 말하는 사람의 속은 그렇지 않다. '고객님, 문제는 당신에게 계십니다. 비례非禮라면 과공過恭을 바라지 마시압!'

[지청구/핀잔]

'합비'를 걸치고 짜개발을 하고는
남의 지청구만 받으며 따라다니던
사람이라 처음으로 도편수가 되어서
제 의사껏 일을 해 보게 되는데
미리부터 어깨바람이 났던 것이다.

심훈, 『상록수』(1936)

만일 조선 사람이면 모모히 핀잔과
꾸중만 나리니 고만 이가 갈리도록
치가 떨리는 바이며

『동아일보』 1920년 6월 3일 자

요즘처럼 문해력 혹은 어휘력 문제가 불거지는 시기에 남을 놀리기에 딱 좋은 단어가 있다. 술잔의 한 종류로 들릴 법한 '핀잔'과 어느 대도시의 행정구역쯤으로 보일 수 있는 '지청구'가 그것이다. '혼내다, 야단치다'로 표현되는 일이 잦은 반면 이런 단어가 쓰이는 일이 드물다 보니 자연스럽게 나타나는 현상이다.

그런데 이런 단어를 모르거나 잘못 알고 있는 이를 핀잔할 일이 아니다. 말은 가르치는 것이 아니라 스스로 깨우치고 터득하는 것이다. 아이는 문법책과 사전으로 공부하는 것이 아니다. 아이는 주변의 말을 듣고 스스로 문법을 구성하고 단어가 쓰이는 맥락으로 유추해 그 뜻과 용법을 스스로 익힌다.

귀로 소리를 듣지 못하면 말을 하지 못하듯 듣거나 보지 못한 말은 알 수가 없다. 용례가 충분해야 단어의 뜻과 쓰임을 파악하는데 드물게 보고 들은 단어는 제대로 알기가 어렵다. '사흘'이 그렇고 '금일'이 그렇다. 어른도 옛말을 잘 안 쓰고, 한자어를 드물게 쓰니 아이들은 보고 들을 일이 없다. 그러니 모르거나 잘못 알고 있을 수밖에.

국어 시간에 졸았다고, 책을 읽지 않았다고 지청구를 할 일도 아니다. '라떼'도 국어 선생님의 첫사랑 얘기 외에는 지겨웠고 책은 '무협지'나 '하이틴 로맨스', 그도 아니면 '만화' 나부랭이나 읽었다. 이런 핀잔과 지청구는 국어 선생이 제일 많이 하는데 직무유기를 자백하는 것이니 해서는 안 되는 짓이다.

'핀잔'은 옛 문헌에서도 '핀잔'으로 나타나는 반면 '지청구'는 옛 문헌에서 전혀 보이지 않는다. 지청구는 인조 때의 정승 '최명길'의 호가 '지천'遲川인데 명분만 중시해 욕을 많이 먹어 '지청구'가 나왔다는 엉터리 설만 있다. 모두가 모른다. 조금 안다고 남을 핀잔하고, 모른다고 남에게 지청구를 먹을 일이 아니다.

[보깨다]

비행기 소리에 선잠이 깨어서
자리 속에서 혼자 마음이 보깰 제면
곧 미쳐 뛰어나갈 것 같은 때도
한두 번이 아니지마는…….

염상섭, 장편 「취우」 『조선일보』, 1953년 발표.

부채를 커다랗게 그려 넣은 병에 사람의 생명을 살리는 물이라는 이름을 붙이고 파는 물약이 있다. 이것도 모자라 일찌감치 톡 쏘는 맛의 '까스'를 넣어 외래어 표기법도 피해간 그 물약이다. 이 약의 종류는 소화제, 그러니 먹은 음식을 잘 분해하도록 돕는 약이다. 그러나 이 약은 소화제가 아니다. 양변기 옆에 하나씩 비치해 두는 '뚫어뻥'과 같은 용도이다.

이른 시기의 외국인들의 기록을 보면 유난히 많이 그리고 빨리 먹는 우리의 습성이 묘사된다. 커다란 밥그릇에 고봉으로 밥을 담고 잉어가 뛰놀아도 될 정도의 국그릇에 국을 가득 담아 게 눈 감추듯 먹는다. 그 결과는 '체'滯로 나타난다. '막히다'는 뜻의 한자를 가져다 '체하다'란 동사를 만들어 쓸 정도이다.

한꺼번에 많은 양을 빨리 먹어서 생기는 급체는 그 이유를 알 수 있다지만 그렇지 않은 뱃속 상태도 있다. 특별히 많이 먹은 것은 아닌데 배가 그득한 느낌이 있다. 먹었으면 위에서 빨리 내려가고 소화가 돼야 할 텐데 그렇지 않은 상태가 있다. 이럴 때는 가스가 들어간 생명수가 아닌 진짜 소화제가 필요하다.

이런 상태를 두고 흔히 '속이 부대끼다' 정도의 표현을 쓴다. 혹은 '속이 볶이다' 정도의 표현을 쓰기도 한다. '부대끼다'는 시달린다는 뜻이고 '볶이다'는 괴롭힘을 당한다는 뜻이니 얼마든지 이해할 수 있고 틀린 표현이라 할 수도 없다. 그런데 서울 사람들은 이럴 때 '속이 보깨다'를 쓴다. 물론 '마음이 보깨다'도 쓴다.

과거에 쓰이던 단어를 살려 쓰면 훨씬 더 촘촘한 언어생활을 할 수 있을 듯싶다. 그러다가 문득 '꼭 그래야 하나?'라는 생각이 들기도 한다. '속이 안 좋다'는 만병통치약 같은 표현보다는 '보깨다'라는 전문의약품이 좋아 보이지만 까스 활명수 같은 흔하고 친근한 약이 현실에서는 더 많이 쓰인다.

[허구헌날]

저의 남편은 술을 너무 좋아합니다.
어떻게도 좋아하는지 허구헌날
술에 취하지 않는 날이 없습니다.

「만화병원」 『동아일보』 1933년 10월 7일 자

'난 늘 술이야 맨날 술이야' 노래 가사가 이래서는 안 되겠지만 제목부터 『술이야』이고 슬픔과 미움 때문에 그러하다니 용서할 만하다. 그래도 가사는 바꾸는 것이 좋겠다. '늘'과 '맨날'을 뭉뚱그려 '허구헌날'로 쓰면 된다. 술꾼과 거짓말쟁이에게는 '늘'과 '맨날'보다는 '허구헌날'이 딱 어울린다.

'허구헌날'은 '허구 헌 날'일 것이다. 그런데 '허다'란 말은 사전에 없고 '하다'란 말을 참조하도록 되어 있다. 서울 사람들도 '하고 있다'를 '허구 있다'라고 많이 하니 '하다'로 볼 수 있다. 그렇다면 뭘 하고 또 한다는 말인가? 이리 해서는 의문이 풀어지지 않으니 '하다'를 동사로 보아서는 안 된다.

이 말을 누군가는 '많고 많은 날'로 쓰니 이때의 '하다'는 많다는 뜻이다. 오늘날의 '하다'는 본래 아래 아(ㆍ)가 쓰인 'ᄒᆞ다'였다. 그리고 옛말에서 '하다'는 많다는 뜻이었다. 용비어천가 제2장의 '곶 됴코 여름 하나니'가 '꽃이 아름답고 열매가 많으니'로 풀이되는 것을 떠올리면 된다. 결국 '하고 한 날'이 '허구헌날'이 된 것이다.

'많다'의 뜻이었던 '하다'가 쓰이지 않게 될망정 '허다'로 변할 이유는 없다. 'ᄒᆞ다'가 '허다'로 바뀌는 것은 자연스럽지만 '하다'가 '허다'가 되는 것은 정상적인 변화는 아니다. 결국 'ᄒᆞ다'가 '하다'로 바뀌었는데 이것이 '허다'로도 쓰이니 본래 '하다'였던 것도 이에 이끌려 '허다'로 쓰인 것으로 볼 수밖에 없다.

그런데 이 말의 쓰임을 생각해 보면 이런 비정상적인 변화가 이해가 되기도 한다. '허구헌날' 뒤에 가장 잘 어울리는 말이 뭘까? 주정뱅이가 있다면 '허구헌날 술이야'이고 거짓말쟁이가 있다면 '허구헌날 거짓말이야'이다. 많고 많은 날 동안 해야 할 것, 할 수 있는 것은 무궁무진한데 허구헌날 이래서야 되겠는가.

[돐/돌시]

결혼한 지 바로 돐이 되던 날
황혼이 바야흐로 어둠으로 변하려든
때다.

이무영, 장편「지축을 돌리는 사람들」

『동아일보』, 1932~1933년 연재.

할아버지나 할머니도 한때는 아기였다는 사실을 확인하려면 할머니의 오래된 사진첩을 뒤져야 한다. 빨간, 혹은 파란색 천으로 둘러싸인 앨범의 표지를 넘기면 끈끈이 바닥에 붙어 얇은 비닐을 덮고 있는 흑백사진을 보게 된다. 첫 사진은 대개 만 한 살이 되던 해에 사진관 소파에 앉거나 서서 찍은 사진일 것이다.

그 사진 속 주인공의 귀여움에 놀라고 그 사진에서 어슴푸레하게 비치는 자신의 모습에 신기해하겠지만 한 가지 의문이 들기도 한다. 1900년대가 아닌 4000년대로 쓰인 '단기'檀紀는 계산을 해 보면 되지만 '첫돐'이란 표기는 아무래도 어색해다. 왜 '첫돌'이 아니라 '첫돐'이란 말인가?

이것은 '틀린 것'이 아닌 '바뀐 것'이다. 과거에는 틀림없이 '돐'이었지만 맞춤법을 정하면서 '돌'로 정한 것이다. 이런 변화의 이유는 '돐'을 발음해 보면 안다. 'ㅅ' 소리는 나지 않고 '돌'로만 소리가 나니 결국 '돌'로 표기하게 된 것이다. '값'과 '몫'의 발음에서도 알 수 있듯이 자음은 하나만 발음되는 현상 때문이다.

그렇다면 '값'과 '몫'도 '갑'과 '목'이 되어야 하지 않는가? '값이'나 '몫이'의 발음에서는 아직도 'ㅅ' 소리가 남아 있기 때문에 아직은 '값'과 '몫'으로 적는다. 그러나 현실에서는 '가비'와 '목이'라고 발음하는 이가 점차 늘고 있으니 언젠가는 이마저도 '갑'과 '목'이 될지도 모른다.

서울 토박이의 말을 들어 보면 '돐'의 존재나 표기 이유를 분명히 알 수 있다. '내일이 우리 아기 첫 돌시야'라고 말하기 때문이다. 이들에게 물어보면 '값'과 마찬가지로 '돐'로 쓰고 'ㅅ' 발음이 살아 있다고 말하기도 하고 단어 자체가 '돌시'라고 말하기도 한다. 묘하게도 '북녘의 서울말'을 쓰는 김정은 위원장도 연설에서 이 말의 기원을 알려 준다. '첫 돌세(돐에) 다시 만났다'라며.

[긴가민가/기연가미연가]

골짜기에서 물 흐르는 소리란 그냥
꾸며 댄 말이었으므로 아씨는 되레
놀라면서 긴가민가 귀를 기울였다.

박완서, 『미망』(문학사상, 1990)

주만은 놀라지도 않았다. 아까부터
기연가미연가 생각하던 것이
바로 맞은 줄 알았을 뿐이었다.

현진건, 장편 「무영탑」 『동아일보』, 1939년 발표.

'아니'의 반대말은 충청도 사람만 분명하게 안다. 상대에게 대답하라고 다그칠 때 '기여, 아녀?'라고 하니 '아니'의 반대말은 '기'가 분명하기 때문이다. 그러나 다른 지역 사람은 난감하다. '그렇다, 맞다' 정도가 떠오르는데 단어의 성격상 반대말 같지 않다. 결국 아이들이 쓰는 말 같지만 '안 아니'밖에 없다.

그런데 이리 하고 나면 오히려 충청도 말의 '기'가 도대체 무엇인지 궁금해진다. '긴가민가'란 말이 있고 이는 '기인가 미인가'의 준말이니 '기'와 '미'를 떼어낼 수 있다. 그러나 이리 떼어놓고 나도 여전히 '기'가 오리무중이다. 고유어에는 이런 단어가 없고 한자어로 보자고 해도 뒤의 '미'는 '未'(아닐 미)이겠지만 앞의 '기'는 정체불명이다.

박완서의 소설에 나타나는 '긴가민가'는 현진건이 설명해 준다. '긴가민가'는 '기연가미연가'가 줄어든 말이다. 한자 '然'이 '그렇다'의 뜻인데 앞에 '未'가 붙어 '그렇지 않다'가 되었고 '未然'에 짝을 맞추려고 굳이 없어도 되는 '其'(그 기)를 붙여 '그그렇다'가 된 것이다.

아스라한 기억 속 첫사랑과 닮은 이를 길에서 마주쳤다. '긴가민가'의 순간이다. 이럴 땐 기연, 즉 '그그렇다'에 걸고 확인하는 게 낫다. 그때의 것이 '기애其愛인가 미애未愛인가' 되물으려는 것은 아니다. '기연'이면 한없이 반가운 일이고 '미연'이면 아스라한 기억을 한 번 더 살릴 수 있으니 그것으로 충분하다.

자신의 지식과 사고만으로는 맞고 틀리고를 확신할 수 없는 순간이 있다. 이때는 미연, 즉 '그렇지 않다'라고 확신하는 것이 낫고, 저마다 갖고 있는 스마트폰으로 사전을 찾아보면 된다. 그러면 요즘은 인공지능과도 연결해 준다. 물론 이 대답에 대해서는 늘 '미연'이라 의심해 봐야 한다. 이 녀석은 없는 지식도 잘 지어낸다.

[내 말 들어]

내 말 들어, 으른 말씀 들으만
자다가두 떡이 생긴다잖어.

한성우, 『강화 토박이말 연구』(보고사, 2016)

"빨래는 걷는데 걸음은 왜 걸어요?" 밑도 끝도 없는 질문이지만 서울에 갓 전학 온 초등학교 열 살 촌놈의 이 질문에 교실은 웃음바다가 됐다. 수줍음이 심해 국어책도 제대로 못 읽는 녀석의 질문치고는 맹랑하기도 했다. 그래도 담임 선생님께서는 친절하게 'ㄷ' 불규칙을 설명해 주셨다. 소위 기본형은 둘 다 '걷다'이지만 빨래에 쓰는 것은 규칙이고 걸음에 쓰는 것은 불규칙이라고.

'빨리 오나서 내 말 듣어.' 강화도 북서쪽에 있는 섬 교동도에 사시는 토박이 어르신은 이렇게 말씀하셨다. 강화도와 교동도는 인천광역시에 속해 있고 인천말은 서울말과 비교할 때 '거기서 거기'라고 믿으니 '듣어'는 상상도 못한 말이다. 그렇다. 적어도 교동의 이 어르신에게서는 '듣다'가 규칙적으로 활용한다.

오늘날은 길이 막혔지만 과거의 교동 사람들은 강화가 아닌 황해도와 교류하며 살았다. 강화와 교동 사이는 조류가 세고 겨울에는 한강에서 떠내려온 얼음이 가득 차서 배를 띄우기도 어려웠다. 시장도 연백이 더 크고 배우자를 찾기에도 연백이 훨씬 더 넓다. 그래서 교동의 말에선 황해도의 냄새가 짙게 풍긴다.

'듣다'가 규칙적으로 활용하는 것은 황해도를 거슬러 올라가다 보면 평안도에까지 다다른다. 평안도 전체는 물론 지금은 인천광역시 옹진군에 속해 있는 백령도나 연평도의 섬에서도 '듣다'는 '들어'가 아닌 '듣어'로 활용한다. 평안도의 말이 해안을 타고 한참 먼 인천까지 내려오기도 한다. 의외로 바다는 건널 수 없는 장애가 아니라 타고 흐를 수 있는 길이 되기도 한다.

그런데 왜 '듣다'가 이 지역에서는 규칙이냐고? 사실 말에서도 알 수 있듯이 불규칙이 더 이상하다. 빨래를 '걷으면' 말은 '듣어야' 옳다. 평안도 사람 그리고 물길을 따라온 그 말을 들은 사람들은 규칙이 더 좋았을 뿐이다.

[부라질]

"그런데 오늘은 가지 못하겠네" 하고는
팔장을 끼고 어깨를 한번 좌우로
부라질을 하더니 "집에 일이 있는걸"
하고 핑계를 댄다.

나도향, 『환희』(1923)

세상에 갓 태어난 아기의 가능성은 무한하다. 세상을 쥐락펴락 하는 인물이 될 수 있고 전 세계를 무대로 발로 뛰는 국제적 인재가 될 수도 있다. 아기가 몸을 가누고 자신의 의지대로 조금씩 움직일 수 있게 될 무렵부터 이런 훈련을 시작한다. 이는 장차 독립된 존재로 살아가려는 훈련이기도 하다.

아기가 두 손을 마주칠 만큼 움직일 수 있으면 두 손바닥을 마주쳐 손뼉을 치는 '짝짜꿍'을 시킨다. 머리를 좌우로 돌려 세상을 더 넓게 볼 수 있도록 '도리도리'를 시킨다. 가야 할 곳, 이루어야 할 목표를 정확히 가늠할 수 있도록 손가락 끝으로 다른 손의 바닥을 찌르는 '곤지곤지'를 가르친다.

좀 더 세밀한 동작이 가능해지면 모든 손가락을 오므려 주먹을 쥐었다 펴는 '죄암죄암'을 시도해 보게 한다. 서울말에서는 '쥠쥠'으로 나타나기도 하지만 손쉽게 발음할 때는 '잼잼'이 되기도 한다. 그것을 뭐라 하든 아이는 세상을 움켜쥐는 법을 배운다.

아기가 바로 서서 발을 움직일 수 있을 무렵 아이의 어깨를 잡고 두 발을 번갈아 오르내리게 하는 훈련을 시키는데 이때 하는 말이 '부라부라'이고 이 행동이 '부라질'이다. 무슨 말일까? 다른 지역에서 '불무불무'하거나 '불이야불이야'하는 것을 보면 불을 일으키거나 키우는 행위이다. 그렇게 세상을 향한 불같은 발길이 시작된다.

마지막 단계는 혼자 힘으로 일어서서 다른 이의 손을 놓고 따로 걸어가는 '섬마섬마' 혹은 '따로따로'이다. 불의와 짝짜꿍을 하라고, 모든 일에 부정적이어서 도리질을 하라고 배운 것이 아니다. 남의 아픈 곳을 찌르려고 배운 곤지질이나 욕심껏 움켜쥐려고 배운 죄암질이 아니다. 비록 어느 순간부터는 스스로의 힘으로 세상에 나아가 불꽃처럼 살라는 그 바람을 잊고 살지만.

[달동네]

안방 휩쓰는 『달동네』, 시청률 1위 67%,
풋풋한 서민 내음 인기 방영 시간 5분
늘려 8시 대에.

『조선일보』 1981년 1월 14일 자

달에는 사람은커녕 토끼도 살지 않으니 동네가 있을 턱이 없다. 그런데 '달동네'란 말이 있다. 단어만 보면 낭만이 가득해 보이지만 현실은 아니다. 달동네는 달에 가까운 동네, 그러니까 높은 지역에 있는 동네를 가리킨다. 애초에 산에 자리를 잡은 동네는 굳이 달동네라 하지 않는다. 사람이 많이 몰려 사는 큰 도시 안에 있되 사람이 살기에는 적당하지 않은 동네를 가리킨다.

아주 높은 산에 있는 마을은 흔히 '하늘 아래 첫 동네'라고 한다. 사람들은 평지나 물가에 사는 것을 선호하지만 산 또한 삶의 터전으로 삼을 수 있다. 높은 산에서 사는 사람의 삶이 다른 지역보다 어렵기는 하겠지만 이들의 삶을 굳이 낮은 지역에 사는 사람의 그것과 비교하지 않는다.

그러나 달동네에서는 애잔함이 묻어난다. 도시의 넓고 낮은 땅, 큰 길가에는 부자가 산다. 그보다 살기에 좀 더 나쁜 지역에는 그보다 좀 못한 사람이 산다. 그렇게 차례차례 삶의 터전이 결정되다 보면 가장 높은 곳, 사람이 살기에 어려운 곳에 달동네가 형성된다. 살 수 있는 곳이 이곳밖에 없으니 애잔할 수밖에.

달동네에 어울리는 집은 '판잣집'이다. 시골에 사는 사람은 초가집을 짓지 구하기 어려운 판자로 판잣집을 짓지 않는다. 그러나 도시에서는 의외로 판자를 구하기 쉽다. 다른 집을 짓고 남은, 혹은 지은 집을 헐어서 나온 판재가 있다. 시장에 가면 사과 상자가 있고 커다란 물건을 옮기려고 만든 '빠레뜨'가 있다.

'달동네'는 1979년도에야 신문에 처음으로 등장하는데 이는 『달동네』라는 TV 드라마가 방영된 시기이기도 하다. 이 드라마는 서민의 풋풋한 삶을 드러내어 인기를 끌었다. 신문에서는 '풋풋한 삶'이라 표현했지만 보통은 '애환'哀歡으로 표현한다. 달동네라도 환희歡喜는 있겠지만 아무래도 슬픔이 더 많은 곳일 것이다.

[보늬]

밤의 보늬를 쉽게 벗기려면(밤의
속껍질인 보늬는 잘 벗겨지지 않는다)
밤을 삶은 후 꺼내자마자 찬물에 넣어
식힌 후 바구니에 건져 두고 껍질을
벗기면 잘 된다.

「생활의 지혜」『매일경제』1973년 11월 5일 자

달콤하고 아삭하지만 먹기 어려운 과일이 있다. 송이를 따서 가시가 빼곡하게 돋친 껍질을 열어야 한다. 그 안에 광택이 나는 갈색에 까까머리를 한 알맹이 두세 개가 있다. 그런데 이 또한 단단한 껍질이니 제거해야 한다. 그리고 깃털처럼 느껴지는 속껍질이 하나 더 있는데 떫은맛이 나니 반드시 벗겨 내야 한다.

밤이다. 해가 진 뒤 오는 '밤'과 소리는 같지만 길게 발음해야 한다. 제사상에도 반드시 올려야 하는 과일, 요즘에는 식빵 속에도 잘게 썰어 넣어 단맛을 높이는 그것이니 모르는 이가 없다. 그런데 이 밤의 속껍질은 누구나 보았지만 그 이름을 정확히 아는 이가 드물다.

그러나 어휘는 분화되면 될수록 섬세해진다. 그 이름하여 보늬, 발음이 예쁘다. '늬'로 끝나는 두 음절 단어는 '무늬, 오늬, 하늬' 정도인데 무엇이든 발음이 신비하게 느껴지기도 한다. '오늬'는 활시위에 걸리는 화살의 머리 부분이고 '하늬'는 서쪽에서 부는 바람을 가리키는 말이다.

어느 지역이든 순수하게 그 지역의 말만 찾고자 한다면 보늬 속에 있는 말만을 찾아야 한다. 일상에서 쓰는 말 대부분은 방방곡곡 모든 곳에서 쓴다. 그것과 다른, 그 지역에서만 쓰는 말은 드물다. 그런 말이 있더라도 표준어에 가려지는 일이 많다. 학교 교육 때문에 나고 자라면서 배운 그런 말을 잊는다. 보늬에 겉껍질, 그리고 가시가 돋친 송이까지 덧씌워지는 것이다.

무엇을 밤이라고 하는가? 달콤하고 노란 속살도 밤이다. 보늬가 씌워져 있는 것도 밤이다. 여기에 딱딱한 껍질이 씌워져 있는 것도 밤이다. 서울말도 이렇다. 고갱이 같은 서울말 위의 보늬, 그리고 딱딱한 껍질까지가 서울말이다. 때로는 그것을 덮고 있는 밤송이까지 포함시켜야 하니 서울말 찾기가 어렵다.

[짬짜미]

아내의 밤늦게 돌아오는 그 일에
분명 노파의 짬짜미가 있으리라.

현덕, 『남생이』(1937)

서울 토박이말을 조사하던 1997년, 20대 초부터 대대로 서울에 살아온 토박이 할머니의 입에서 '가이당으로 올라가문'이란 말이 나온다. 방언조사 경험이 적은 이들은 눈을 반짝이며 '가이당'을 서울 사투리로 적기 십상이다. 그러나 '가이당'은 '계단'階段의 일본어식 발음이다. 이런 말은 과연 방언일까?

군대나 관공서에서 많이 쓰이는 '짜웅'이란 말을 접할 때에도 이런 고민을 하게 된다. 뇌물을 건네며 친밀한 관계를 맺거나 이권을 공유하며 담합하는 것을 가리키는 말이다. 더 나아가 '짜고 치는 고스톱'이란 말을 쓸 수 있는 상황에 딱 맞는다. 그러나 이런 뜻과 용법은 잡히는데 이 말의 기원은 알 수가 없다.

군대를 다녀온 이들, 특히 베트남전에 참전했던 이들은 이 말의 기원을 베트남어에서 찾는다. 베트남어의 인사말 '짜오'를 높은 사람에게 할 때는 '짜옹'이라 한다는 것인데 이 말을 아는 이들이 군대 상사에게 이렇게 인사하며 뇌물을 건넬 때 쓰이다 퍼지게 됐다는 것이다. 그러나 어디까지 신뢰해야 할까?

이 말이 널리 쓰이다 보니 어느 순간 '짜웅'이 전라도 사투리로 둔갑하게 된다. 근거를 알 수 없으나 '짜다'에 전라도 말의 말끝에 흔히 쓰이는 '~잉'을 결합해 생각한 것은 아닌가 하는 생각이 든다. 그러나 사투리라면 보다 넓은 지역에서 쓰이고 유사한 사례가 있어야 하는데 그렇지 못하니 믿기는 어렵다.

'짜웅'을 대신할 수 있는 말로 '짬짜미'가 있다. 소설뿐 아니라 가끔씩 뉴스에서도 들리는 말이지만 방언 조사에서는 잘 안 나타난다. '짬'이란 말은 없지만 '짜고 치는 고스톱'을 생각하면 '짜다'와 관련이 있을 가능성이 있다. 그러나 '구라'를 좋아하는 엉터리 국어 선생과 그에 대한 충성도가 높은 독자가 짬짜미를 하지 않는 한 이 말의 기원을 완전히 밝히기는 어렵다.

[빨병]

어제 반장 집 아이가 불쑥 와서
빨병을 좀 빌려주세요 할 제,
아이들 소풍 가는 데 쓸 만한 빨병이
없어 빌려는 주지 못했지마는.

염상섭, 『대를 물려서』(1958)

커피는 동그란 녹색 원에 갇혀 왕관 아래 긴 머리를 늘어뜨린 여자가 주는 것이 특별히 맛있는가? 점심에 먹은 밥값보다 커피값이 더 비싸더라도 역시 '뽀대'를 위해서는 이 녹색 여왕의 커피를 마셔야 한다. '간지'를 더하려면 왕관도 모자라 날개까지 달고 있는 곰이 새겨진 텀블러에 담아야 하는가? 녹색 여왕은 포기해야 하지만 환경을 생각하는 커피꾼임을 강조할 수 있어 좋다.

염상섭은 쓴 '양탕국'을 '대접'에 담아서 마셨고 이효석은 낙엽을 태우는 냄새보다 더 구수한 '고히'를 '고뿌'에 담아서 마셨다. 시대에 따라 음료와 그 음료를 즐기는 데 쓰는 그릇은 달라지는 법. 커피를 국이라 생각한다면 당연히 사발에 담아 마셔야 하고, 우아하게 즐길 음료라면 물 건너온 컵에 마셔야 한다.

커피는 본디 따뜻하게 마셔야 한다고 믿었으니 '마호병'이 필요했을 것이다. 그저 보온병의 일본어라고만 알고 있는 이 병은 '魔法瓶', 즉 마법의 병이니 이 마법을 휴대하려면 돈깨나 치러야 한다. 결국 마지막 선택은 빨병밖에 없다. 물을 비롯한 액체를 담고 휴대하기 편하게 줄까지 매여 있는 빨병이 제격 아닌가?

생각해 보면 '빨병'이 아닌 '마실병'이 되어야 한다. '빨다'는 젖병에나 어울리고 다른 병은 '마시다'가 어울리니 말이다. 그러나 무슨 이유에서인지 서울 사람들은 '빨병'이란 말을 썼다. 지금은 쓰이지 않아 발음을 확인할 길이 없는데 이것의 발음이 '빨병'이었을지, 아니면 '빨뼝'이었을지도 궁금하다.

얼어 죽어도 '아아'를 찾고 간지와 뽀대를 위해 녹색 여왕과 날개 달린 곰을 찾는 세태를 탓할 필요는 없다. 그것을 탓하는 세대도 그 나이 때는 더하면 더했지 덜하지는 않았을 테니 말이다. 그래도 빨병, 아니 텀블러를 챙기는 이가 있다면 환경을 생각하는 마음을 갸륵히 여겨 커피라도 한 잔 사 주는 것은 어떨까?

[가겟방]

고무신 가게와 약재상 두 칸으로
칸막이가 돼 있는 점방에 딸린
가겟방 역시 아래위 칸으로 장지문을
격해 있었다.

박완서, 『미망』(문학사상, 1990)

박완서의 소설 제목 '미망'의 뜻은 무엇일까? 1990년에 처음 간행되었을 때는 책표지에 '朴婉緖 大河小說'『未忘』이라고 되어 있었으니 한자를 아는 이는 그 뜻이 금세 파악이 된다. 그 후에 다시 출판되면서 제목이『꿈엔들 잊힐리야』로 바뀌었다. 한자를 잘 모르는 세대에게는 꽤 친절한 제목이다.

한자를 아는 이에게는 잘 모르는 단어, 혹은 동음이의어가 여럿 있는 단어가 한자로 표기되어 있으면 반갑다. '미망'은 남편은 죽었으나 아내는 죽지 않고 홀로 남았다는 '未亡' 그리고 사리에 어두워 갈피를 잡지 못한다는 '迷妄'과 헷갈릴 법하다. 그러나 '未忘'이라고 써 놓으면 아직 잊지 못한다는 뜻이 바로 들어온다.

그런데 한자로도 도저히 설명이 안 되거나 어떤 한자를 가져다 붙여야 할지 난감한 경우가 종종 있다. '고무신 가게'와 짝을 맞추려면 '약재 가게'라 해야 하겠으나 '약재상'藥材商이라 썼다. '점방'店房은 '店'(가게 점)과 '房'(방 방)이 결합한 것이니 '가게의 방'인데 뒤이어 '가겟방'이 나오니 헷갈릴 수밖에.

'가게, 가겟방, 점방, 상점'은 보통 같은 뜻으로 쓰인다. '상점'은 보다 전문적이고 규모가 큰 곳을 가리키지만 본래의 의미는 같다. 문제는 '가게'다. 언뜻 보기에 '가'는 '거리'를 뜻하는 '街'(거리 가)일 듯한데 '게'가 가늠이 안 된다. 그러나 의외로 이 단어는 한자어 '假家'(가가)가 변해 만들어진 것이다.

사연은 이렇다. 팔아야 할 물건은 많은데 공간이 부족해 '임시'假로 '집'家을 짓는다. 그것이 곧 '가가'假家인데 이 풍경이 물건을 파는 집의 상징처럼 된다. 그래서 사람들은 물건 파는 곳을 '가가'라고 했는데 본래의 한자가 잊히고 만다. 여기에 완전한 내부 공간인 '방'房까지 결합한다. '가가'假家가 '진가'眞家가 되니 '가게'로 변해도 그 뜻이 가늠이 안 되는 것이다.

[어머나]

어머나 어머나 이러지 마세요
여자의 마음은 갈대랍니다.

윤명선 작사·장윤정 노래, 「어머나」(2003)

가장 위급한 순간에는 누구를 찾아야 하는가? 서양인은 'Oh My God'을 외치는데 급할 땐 신을 찾는 셈이다. 우리도 하느님, 부처님 등등을 찾을 수 있겠지만 그리하지는 않는다. 우리는 뱃속에서, 그리고 품속에서 늘 편안함을 느꼈던 어머니를 찾는다. 물론 '어머니'라고 외치지 않고 '엄마야!'라고 외친다.

놀랐을 때 외치는 '어머'는 '엄마야'와 어떤 관계가 있을까? 역시 놀랐을 때 '에구머니'라고 외치는데 이때의 '머니'는 어머니와 관련이 있을까? 이들의 관계를 명확하게 밝히기는 쉽지 않다. 그러나 '엄마야'와 '어머나'는 말 자체는 물론 쓰이는 상황이 너무도 유사해 그 관련성을 무시하기가 어렵다.

「어머나」란 노래가 발표되기 이전의 상황은 뜨악하기만 했다. 작곡가가 이 곡을 쓴 후 적당한 가수를 찾았는데 모두가 손사래를 쳤다. 문제는 '어머나'란 감탄사가 너무 천박하게 들린다는 것. 게다가 '어머나'는 틀림없이 여자들이 쓰는 감탄사인데 처음에는 '이러지 마세요'라고 했다가 나중에는 '다 줄게요'라고 돌변하니 차마 받아들이기 어려웠으리라.

이 노래로 세상에 이름을 알리게 된 장윤정도 그랬다. 발라드 가수로 남고 싶었던 그녀에게 이 노래의 차례가 왔다. 처음에는 눈물을 흘리며 거부했으나 결국 이 노래가 그녀를 스타로 만들었다. 그리고 몇 년 뒤에는 걸그룹 원더걸스 역시 노래 말미에 '어머나!'를 외치며 이 주문의 위력을 재확인시켜 주었다.

젊은 여자 그리고 그들이 쓰는 말을 바라보는 시각은 썩 상쾌하지만은 않다. 그러나 그 시각은 말끔히 씻어 내는 것이 좋겠다. 새로운 말과 표현은 이들에서 시작되어 널리 퍼져 나간다. 그리고 부럽지 않은가? 언제든 부르고 싶은 엄마를 이렇게 절체절명의 순간에 자유롭게 부르는 이들이.

[불땔꾼]

새로이 들어온 사람이 불땔꾼처럼
심사가 바르지 못하여 하는 짓이
무례하고 이간질이나 일삼는 사람인
경우 역시 대략난감하다.

홍경석, 『경비원 홍키호테』(행복에너지, 2015)

잘 나가는 글로벌 IT 기업 CEO인 박 사장, 혹은 나의 아저씨가 세상을 버렸다. 지은 죄에 대한 벌은 받아야 마땅하겠으나 그것이 죽음일 만큼 큰 것이었는지는 의문이다. 그를 죽음으로 내몬 것은 그의 죄가 아니라 수사 중인 그의 죄를 유출하고 그것을 수없이 확대 재생산해서 퍼뜨린 이들이다. 물론 그것을 실시간으로 찾아보며 정신적 조리돌림을 한 이 모두를 포함해야 한다.

아니 땐 굴뚝에서는 연기가 안 나지만 땔감이 없는 아궁이에서 연기가 날 때가 있다. 악마의 편집으로 천인공노할 발언이 만들어지고, 티끌이 눈덩이처럼 커지는 것이 그 사례이다. 특정 집단의 이익이나 이념을 맹목적으로 추구하는, 자극적인 제목과 기사로 조회 수 장사를 하는 언론의 만행 때문이다.

'불땔꾼'이란 말을 접하면 바로 이러한 행태가 떠오르는데 이는 본래의 의미에는 맞지 않는다. 이 말을 그대로 풀면 '불을 때는 사람'이다. 이때의 불은 마음속에 일어나는 화를 뜻한다. 그래서 사전에서는 '심사가 바르지 못하여 하는 짓이 험상하고 남의 일에 방해만 놓는 사람'으로 풀이하고 있다.

그런데 '찌라시'로 표현되는 보도와 '쓰레기'에 비유되는 종사자의 행태는 불땔꾼과 통하는 면이 있다. 이들은 대중을 자극하며 보도를 통하여 끊임없이 독자나 시청자의 분노를 키워 나간다. 조리돌림을 해야 할 대상, 생각이 다른 집단에 대한 이성적 판단을 마비시키고 극단적인 적개심을 가지게 하는 것이다.

'군불을 때다'라는 말이 있다. 단어의 구조 그대로 해석하면 쓸데없는 불이지만 사실은 음식을 조리하는 데 쓰이지 않는 불일 뿐, 누군가의 등을 따습게 할 불을 때는 것이다. 불을 때고자 한다면 이런 불이어야 한다. 화를 돋우는 불이 아니라 마음을 따뜻하게 해야 할 그런 불 말이다.

[터무니/어처구니]

말을 지어내도 터무니가 있어야지.
아무리 노는 년이라고 얕잡아 본들
그렇게 음해를 한단 말이에요.

현진건, 장편「적도」『동아일보』, 1933~1934년 연재.

허 부령은 큰사랑 아래쪽에 가 안석을
의지하고 거만히 앉아서 흰 떡가래
같은 여송연을 어처구니 굴뚝에 연기
나오듯이 피우고 앉았다가…….

이상협, 『재봉춘』(1912)

「리리리자로 끝나는 말은」이란 노래가 있다. 본래 영국 동요에 우리말 가사를 붙인 것인데 노래의 맛은 물론 각운까지 멋지게 살렸다. 이 노래는 'row'와 'merrily'의 반복 그리고 'stream'과 'dream'의 각운이 백미이다. 번역자는 'row'를 '리'로 바꾸고 'stream'과 'dream'의 각운을 포기하는 대신 'merrily'의 반복 부분에 '리'자로 끝나는 말을 넣어 이 노래의 맛을 살렸다.

그럼 '니'자로 끝나는 말을 떠올려 보자. '어머니, 주머니, 가마니, 터무니, 아주머니, 어처구니' 등과 같이 '니'가 끝에 오는 단어는 꽤 많다. 이 중에 어원이 확실한 것은 '가마니'밖에 없다. 벼나 쌀을 담을 때 쓰는 가마니는 우리 고유의 물건이자 이름일 듯하지만 의외로 일본어 '카마스'かます에서 왔다.

'어머니'나 '주머니'는 본래 이랬거나 조금 다른 단어에서 소리만 바뀌었다고 볼 수밖에 없다. 옛 문헌이나 방언에서도 어원의 실마리를 찾을 수 없기 때문이다. 그나마 '아주머니'는 직계가 아닌 방계의 여자 친척을 뜻하는 '앚어미'에서 기원을 찾을 수 있지만 '아이'와 '주머니'가 결합한 것으로 보는 엉터리 설명도 있다.

이러한 상상력은 '터무니'와 '어처구니'에 이르러서는 혼란스러워진다. 둘 다 '없다'와 결합해 뜻밖의 상황에 기가 막힐 때 쓴다. 문제는 '터무니'와 '어처구니'가 무엇을 가리키는가이다. '터무니'의 첫 번째 뜻은 '터를 잡은 자취'이고 두 번째 뜻은 '정당한 근거나 이유'인데 이 두 뜻의 관계가 명쾌하지 않다.

'어처구니'는 더 심각해서 '엄청나게 큰 사람이나 사물'의 뜻만 있으니 왜 이런 뜻인지 종잡을 수 없다. 그래서 나온 설이 맷돌의 손잡이가 어처구니란 것이다. 이런 식의 어원 설명은 터무니 없거나 어처구니가 없다. 서울말이라고 어원이 다 분명한 건 아니니 때로는 말 주머니에 고이 간직하며 묻지 말고 쓰는 편이 낫다.

[팝씨]

대파 꽃이 지면 팝씨가 익어서
거멓게 있다가 제 알아서 떨어지지유.

한성우, 『경기 토박이말 조사』(국립국어원, 2012)

요즘에는 '이밥에 고깃국'을 말하는 이들이 드물다. '이밥'은 입쌀로 지은 밥이고, '입쌀'은 잡곡이나 찹쌀이 아닌 멥쌀이다. 이렇게 몇 고개를 넘고 나면 이밥은 결국 흰 쌀밥을 뜻한다. 그런데 5월의 거리를 온통 흰 쌀밥으로 장식하는 가로수 이팝나무 덕에 '이팝'을 아는 이들은 늘어나고 있다.

이팝나무는 꽃이 흰 쌀밥 같대서 지어진 이름이니 이팝은 결국 이밥과 같은 말이다. 논에 모내기를 해서 길러 낸 것이 '벼'인데 '니'는 벼의 다른 말이다. 벼의 낟알을 떨어내어 방아를 찧은 것이 쌀이고 이것으로 지은 것이 밥이다. 그러니 '이밥'은 본래 '니밥'이어서 벼로 지은 밥이어야 하지만 결국 쌀밥을 뜻한다.

이밥이 이팝이 되는 것은 조금 의외다. '머리'가 본래 '머맇'이어서 '머리카락'으로 그 흔적이 남아 있는 것과 마찬가지로 '니'가 본래 '닣'이었다면 가능하겠지만 그런 증거는 없다. 그래도 이팝나무가 등장한 덕에 '팝'이란 글자가 외래어를 표기하는 데에만 쓰이는 것은 아니란 사실이 입증된다.

그렇지만 경기도 남부에서 널리 나타나는 '팝씨'는 낯설다. 요즘 사람들은 그저 파씨라고 하는데 옛말을 아는 이들은 팝씨라고 한다. 파의 끝에 솜방울 마냥 소담스럽게 피는 꽃이 지고 나면 좁쌀보다 더 작게 맺히는 씨가 팝씨다. 벼의 씨가 볍씨이니 파의 씨가 팝씨인 것은 극히 자연스럽다.

그런데 팝씨와 볍씨의 'ㅂ'은 어디서 불쑥 나타난 것일까? 멥쌀이나 좁쌀에서의 'ㅂ'과 마찬가지다. '씨'와 '쌀'은 본래 'ㅄ이'와 'ᄡᆞᆯ'이었고 'ㅄ'은 '읍스'에서 '으'를 빼고 발음하면 되는 그런 소리다. '파씨'가 '파ㅄ이'였던 시절의 옛사람처럼 '파읍시'를 발음해 보라. 그럼 팝씨가 입에서 자연스럽게 나오고 탐스러운 파꽃도 비로소 보이게 될 것이다.

[동무/동미]

참 불쌍한 너야, 동무는 모두 즐겨
뛰노나 너 홀로 애닯게 넘어져 우니
미여지는 가슴을 어찌 참을까.

김기진, 시 「가련아」(可憐兒) 『동아일보』 1920년 4월 2일 자

삼팔선은 삼팔선에만 있는 것은 아니다. 일상에서 마음 놓고 썼던 단어에도 있다. 친하게 어울리는 사람을 뭐라 해야 할까? '친구'가 먼저 생각난다면 유오성과 장동건의 '시다바리'가 된 것이다. 어떤 일을 짝이 되어 함께 하는 사람을 뭐라고 해야 할까? '짝꿍'이 생각난다면 어린 시절 나란히 앉았던 그 소녀 또는 소년에 대한 첫사랑이 아직도 아련하게 남아 있는 것이다.

70여 년 전 사람들은 이 질문에 바로 '동무'라고 대답했다. '어깨동무'에서 느껴지는 그 정다움이 있는 단어다. '글동무, 길동무, 말동무, 소꿉동무, 씨동무, 일동무, 잠동무' 등 어떤 단어와 어울려도 친근함과 든든함이 그대로 느껴진다. 봄의 교향악이 울려 퍼지는 청라언덕 위에서 만나고 싶은 그 동무다.

그러나 이승복 어린이가 그토록 싫어했다는 '공산당'이 이 단어를 가져가 버렸다. 사회주의 사상을 공유하며 혁명을 꿈꾸던 이들이 이 단어를 쓰기 시작한 것이다. 북한의 『조선어사전』은 '동무'를 '혁명대오에서 함께 싸우는 사람을 친근하게 이르는 말'로 정의한다. 그 결과 해방 이후 금단의 단어가 되었다.

'동무'는 옛 문헌에서는 '동모'로 나타난다. 고유어 '벗', 그리고 고유어인지 한자어인지 헷갈리는 '친구'親舊와 함께 자유로이 쓰일 수 있는 단어였다. 이 단어를 특정 집단이 쓴다 해서, 그리고 북에서 쓴다고 해서 원초적인 거부감을 가지고 금기시할 필요도 없었다. 그러나 마음 약한 우리는 이 정다운 단어를 잃었다.

그런데 최근에 재미있는 현상이 나타나고 있다. 북쪽의 젊은 이들이 동무란 말을 쓰기를 꺼린다는 것이다. 본래 친근함이 넘치는 단어였는데 혁명 어쩌고저쩌고하니 이들도 쓰기 싫어진 듯하다. 이대로라면 동무는 '어깨동무'에만 흔적을 남기고 영원히 사라질지도 모른다.

[동그랑땡/돈저냐]

한켠에선 일이 많아 못 갈 것이라는
비관에 휴가가 주어진들 동그랑땡
사정이 안 좋아 그만이라는 회의
또 한쪽에선 비행기로 제주도엘 간다고
꿈만 같은 배부른 계획으로 침이 튄다.

「부푼 휴가 계획과 현실」『동아일보』1969년 8월 7일 자

동그랑땡. 발음은 예쁘고 단어의 구성은 재미있지만 사전에 오르리라고 생각하기 어려운 단어이다. '동그랑'은 모양을, '땡'은 소리를 가리키니 모양과 소리로만 만들어진 단어이다. 이것이 가리키는 음식이 동그랗기는 하지만 '땡' 소리가 나지는 않으니 왜 이런 단어가 만들어졌는지 알기도 어렵다.

동그랑땡을 이해하려면 돈저냐를 알아야 하고 돈저냐를 알려면 저냐를 알아야 한다. 저냐는 얇게 저민 고기나 생선 따위에 밀가루를 묻히고 달걀 푼 것을 씌워 기름에 지진 음식이다. '저냐'는 아무래도 한자어 '전유어'煎油魚나 '전유화'煎油花의 발음이 변해서 된 것으로 보인다. 이것을 엽전 크기와 모양으로 만들었으니 앞에 '돈'을 붙여 '돈저냐'가 된 것이다.

엽전은 동그랗게 생겼으니 '동그랑'은 이해가 된다. 그런데 '땡'은 왜 쓰였는지 가늠하기 어렵다. 동전이 바닥에 떨어지는 소리를 우리 조상들은 '땡'이라 생각했다. 그러니 생긴 건 동그랗고 던지면 '땡' 소리가 나는 엽전을 '동그랑땡'이라는 별칭으로 불렀던 것이다. 실제로 1960년대의 신문을 보면 '동그랑땡 사정이 안 좋다'는 표현이 나오는데 '주머니 사정이 안 좋다'는 말이다.

다진 고기에 두부나 채소 등을 섞어 달걀을 두르고 지져 내는 음식은 맛이 없으려야 없을 수가 없다. 맛도 맛이지만 양을 늘리는 방법도 되니 귀한 고기로 만든 음식을 여럿이 맛볼 수 있는 방법이기도 하다. 이걸 담양에서 만들면 떡갈비가 되고 서양에서 만들면 햄버거가 된다.

명절 분위기는 집안에 가득 찬 기름 냄새로 고조된다. 기름이 듬뿍 둘러진 번철에서 지글지글 익어 가는 것은 역시 동그랑땡이 최고다. 그리고 음식이 아닌 '돈'을 먹는 셈이니 더 맛있게 느껴져야 한다.

[웬걸]

그 애가 유혹을 했게 그러는 거지.
가만 내버려 두면 웬걸, 그 부처님 같은
양반이 제법 연애나 할 줄 알라고.

박태원, 단편 「애욕」(1934)

어제도 자정 넘어서 안 먹던 술은
웬걸 그렇게 먹었는지.

염상섭, 『모란꽃 필 때』(1934)

말이 많은 사람은 별로 반갑지 않다. 남의 눈과 귀는 아랑곳하지 않고 자신의 말만 떠들어 댄다면 반길 이가 전혀 없다. 그래서 말 많은 이는 '수다쟁이'라 해서 푸대접을 받거나 손가락질을 받는다. 그래도 재미있는 말을 재치 있게 늘어놓아 '수다맨'이란 별명으로 활동한 개그맨은 꽤 오래 사랑을 받았고 '도와줘요 수다맨'을 외쳤던 그 소녀는 커서 '우영우'가 되었다.

말이 많더라도 사랑을 받는 이는 말을 재미있게 하는 이다. 말에 재미를 더하는 방법 중 하나가 하고자 하는 말을 '이야기'로 만드는 것이다. 뻔한 말일지라도 이야기 구조로 각색이 되면 사람들은 귀를 쫑긋하며 듣게 된다. 사람들의 이목이 집중될수록 이 수다맨은 반전에 반전을 거듭하는 이야기를 만들어 낸다.

'웬걸'은 바로 이때 등장한다. '안 봐도 비디오'일 것 같은 상황, 즉 누구라도 예측할 수 있는 뻔한 전개가 반전을 일으킬 때 이 말이 끼어든다. 이 말이 사전에 올라 있을까 싶지만 사전에 당당하게 올라 '뜻밖의 일이 일어나거나 일이 기대하던 바와 다르게 전개될 때 하는 말'이라 풀이되어 있다.

'웬걸'의 또 다른 용법은 '웬 것을'의 줄임말이다. 이때의 '웬'은 '어찌 된' 또는 '어떠한'을 가리키니 '웬 것을'은 '어찌 된 것을'이 된다. 염상섭의 소설에서도 알 수 있듯이 짐짓 모르겠다는 듯이, 혹은 알아도 모른 척할 때 쓰는 말이다.

'웬걸'에 쓰인 '웬'은 글로 쓸 때는 한참을 망설여야 한다. '웨'는 고유한 우리말에 쓰이는 일이 거의 없다. 그래서 여기에 받침을 붙인 '웬'은 왠지 '왠'이어야 할 것처럼 보인다. 그러다 보니 '웬일이니?'라고 써야 할 자리에 '왠일이니'라고 쓰는 이도 많다. 그런데 웬걸, '왠'은 오로지 '왠지'에만 딱 한 번 쓰인다. 그러니 왠지 꺼려지더라도 웬만하면 '웬'을 쓰면 된다.

[무녀리]

그러나 "무녀리 올챙이도 뛸 날은
있다"고 진영을 재정비한 증권시장은
값비싼 체험을 거울삼아 1진3주의
거보를 내딛기 시작하였다.

「직장일언 57 희망봉을 찾는 사념」
『매일경제』 1966년 8월 8일 자

새 생명이 탄생하려면 지극히 힘든 관문을 넘어야 한다. 엄마는 뱃속에서 열 달 동안 키운 생명체를 몸 밖으로 내보내야 하고 아기는 열 달 동안 익숙해져 있던 그 공간을 떠나 험한 길을 거쳐 세상으로 나아가야 한다. 문제는 좁은 길, 아이의 머리에 비해 턱없이 작은 그 길을 거쳐야 하니 아이나 산모 모두 지독한 고통이다.

사람이 둘 이상의 아기, 즉 쌍둥이를 낳는 경우는 매우 드물지만 한 배에 여러 마리의 새끼를 낳는 동물은 꽤 많다. 이런 동물은 뱃속에 있는 새끼의 수만큼 출산의 고통을 견뎌야 하지만 그래도 두 번째 나오는 새끼부터는 좀 수월하다. 첫째가 나오면서 길이 넓혀졌고 엄마도 어느 정도 익숙해지기 때문이다.

그러나 첫째는 오롯이 그 고통을 감내해야 한다. 그래서 이런 첫째에게는 '무녀리'라는 이름이 따로 붙는다. 이는 본래 '문 열이', 즉 세상으로 나가는 문을 처음으로 연 새끼라는 뜻이다. 가장 먼저 세상에 나왔으니 맏형으로서의 위세를 부릴 만도 하지만 실상은 아니다. 비실비실하고 활기도 없다. 동생에게 치여 엄마 젖도 제대로 못 빨기 십상이다.

본래는 짐승의 첫 번째 나온 새끼를 뜻했는데 이 말이 사람에게 쓰이면 다른 뜻으로 쓰인다. 비실비실한, 활기가 없는, 좀 덜떨어진 듯한 사람한테 쓴다. 짐승의 무녀리는 측은해하는 마음이나마 있는데 사람에게 쓰일 때는 말이나 행동이 좀 모자란 사람에 대한 놀림, 무시, 비하의 말이 된다.

무녀리의 본래 말인 '문 열이'는 다른 말로 하면 개척자이다. 요즘은 이런 사람이 하는 기업을 스타트업Startup이라 부르기도 한다. 말 그대로 첫발을 떼고 시작하는 기업이다. 무녀리라 놀릴 것이 아니라 산모의 마음으로 아기가 문을 열 수 있도록 도와야 하는 그런 기업이다.

[꽃잠과 꿀잠]

아직 만나지 않은 새벽이
개나리 꽃잠 위에서 놀고 있다.

「시단시평」 『조선일보』 1969년 8월 21일 자

어른들은 된소리나 거센소리를 싫어한다. 누군가는 임진왜란 때의 조총 소리와 한국전쟁 때의 대포 소리가 너무 커서 우리의 말소리가 거칠고 거세졌다는 믿거나 말거나 하는 소리도 한다. 그런데 어른들의 이 말을 따르자면 '꽃'과 '꿀'도 버려야 한다. 그러나 우리는 가장 예쁜 단어 그리고 가장 달콤한 이 단어를 결코 버릴 수 없다. 그렇다고 '곶'과 '굴'로 쓸 수도 없다.

'꽃'은 본래 '곶'이었지만 이것이 단독으로 쓰이기보다는 '배, 살구, 밤' 등과 결합해 쓰이는 일이 많다. 그러다 보니 자연스럽게 소위 사잇소리 현상이 일어나 된소리로 발음된다. 그 결과 '장난기'의 발음에서 '끼'가 독립했듯이 '곶'도 '꽃'으로 독립하게 된다. 꿀은 본래부터 첫소리가 'ㅅㄱ'이나 'ㅃ'이었으니 된소리로 발음되는 것은 당연하다.

예쁘디예쁜 꽃이니 다른 말과 결합해서도 여전히 예쁘다. 새색시가 신어야 할 신은 '꽃신'이고 타야 할 가마는 '꽃가마', 새신랑과 함께 자는 첫잠은 '꽃잠'이다. 할 수만 있다면 '꽃길'만 걸을 수 있기를 소망하며 보내는 첫날밤이니 그리 부를 만하다.

꽃잠의 또 다른 뜻은 아주 깊이 든 잠이다. 아무런 근심 걱정 없이, 악몽도 꾸지 않고 푹 든 잠이다. 쌔근쌔근 숨소리가 너무 고와서 차마 깨울 수 없는 그런 잠이니 아무래도 코골이가 심해질 나이의 어른에게는 차마 쓸 수 없는 말이다.

이런 의미의 꽃잠은 자연스럽게 아주 달게 자는 잠을 뜻하는 '꿀잠'으로 이어진다. 이런 잠 역시 걱정거리가 없어야 가능하다. 그렇다고 삶이 무료해서 잡생각이 많아서도 안 된다. 하루를 꽉 채워 열심히 살고 가족과 맛난 저녁을 같이 먹었을 때 가능하다. 혹은 한낮의 고된 일과에 잠깐 짬을 내어 스르르 잠들었을 때도 가능하다. 물론 꿀잠은 코골이 어른도 가능하다.

[신들메]

곧 내 뒤에 오시는 그이라
나는 그의 신들메 풀기도
감당치 못하겠노라 하더라

「요한복음」 1장 27절

기독교에서는 '모든 성경은 하나님의 감동으로 기록된 하나님의 말씀으로 정확무오하며 일점일획의 오류도 없다'고 말한다. 이 말은 바르고 확실하다는 의미의 '정확'正確을 알고 오류가 없다는 뜻의 '무오'無誤를 만들어 붙여야 이해가 된다. 이 말에 따른다면 성경은 절대로 바뀌면 안 된다.

그런데 성경이 바뀌었다. 어릴 적 본 성경에는 틀림없이 '신들메'라고 되어 있었는데 최근에 다시 보니 '신발끈'으로 되어 있는 것이 아닌가. 갑자기 성경의 권위가 떨어지고 알 듯 모를 듯한 단어인 '신들메'에서 느껴지는 신비감이 사라진 느낌이다.

'들메'는 신발이 벗어지지 않도록 신을 발에다 동여매는 끈을 뜻한다. 짚신이나 가죽신은 따로 줄이 없으니 쉬이 벗겨진다. 이를 방지하려고 끈으로 신을 발에 동여매는 것이 바로 들메다. 그런데 이 들메와 예수님의 신발끈은 다르다. 예수님의 신은 요즘으로 치면 바닥만 있는 샌들이다. 바닥에 뚫은 구멍에 끈을 꿰어 발에 고정하게 되어 있으니 본래 들메가 있는 셈이다.

초기 성경 번역자의 노고가 느껴진다. 예수님은 빵을 드셨겠지만 '사람이 떡으로만 살 것 아니요'(「마태복음」 4장 4절)로 번역한 이유가 있다. 빵이란 음식이 없으니 그것을 뭐라 표현해도 신자들이 알 길이 없다. 그러니 가장 비슷한 떡을 끌어들일 수밖에. 그나마 신들메는 비슷한 면이 많이 있으니 최선의 선택이기도 하다.

'신들메'가 '신발끈'으로 바뀐 것, '떡'을 '빵'으로 고친 것은 모두 성경을 이해하기 쉽도록 한 것이다. 정확무오하다는 성경도 이리 유연하다면 오류투성이인 언어 지식을 가진 우리도 반성할 필요가 있다. 말의 변화에 대한 분노, 신조어에 대한 거부감 말이다. 새 술은 새 부대에 담아야 좋지만 새 말은 헌 부대에도 담을 수 있어야 한다.

[여하튼]

여하튼지 수면은 음식물과 같이
생리상 절대 필요한 것이니
될 수 있는 대로 충분히 잠을 재우는
것이 상책입니다.

「주의할 필요가 있는 애기의 수면장애」
『동아일보』 1928년 2월 1일 자

'기분이 뭣같다'는 말이 들린다. '뭣'은 '무엇'의 준말인데 이 '무엇'의 자리에 사람들은 흔히 한 음절의 단어를 넣어 이해한다. 그마저도 입에 올리기 곤란하면 아름다운 옥구슬을 뜻하는 '주옥'珠玉으로 대체한다. 가끔씩 주변의 가장 흔한 동물인 '개'도 들어가는데 개로서는 참으로 억울할 일이다.

그런데 입이 험한 사람이나 쓸 것 같은 이 말을 점잖은 이도 입에 달고 산다. 물론 한자가 끼어든 '여하튼'이나 '하여튼'으로 바꾸어서. '여하'如何는 '如'(같을 여)와 '何'(어찌/무엇 하)의 결합이니 결국 '무엇과 같다'는 말이다. '하여'는 순서만 바꾸었을 뿐이다. 고유어 '아무튼, 어떻든, 어쨌든'도 비슷한 말이다.

한자의 의미만 좇자면 '뭣같은'과 같은 말이지만 이러한 말은 그리 험하게 들리지는 않는다. 적어도 '주옥'이나 '개'로 대체되어 이해되지 않으니 입에 올려도 별 문제가 될 듯하지는 않다. 그래서 이 말을 입에 달고 사는 이가 있더라도 탓하지는 않는다.

그러나 한 번 더 생각해 볼 일이다. 이런 부류의 말이 사용되는 맥락을 보라. 대화나 토론이 한참 진행되고 있는데 이 말이 튀어나오면 이제까지의 모든 것이 무력화된다. 이제까지 오고 간 모든 말에 대한 무시이고, 옳고 그른 것이 무엇이든 간에 내 말이 곧 진리라는 오만이자 나아가서는 폭력이다.

'여하튼 ○○이란'이라 말하며 혀를 끌끌 차는 장면 또한 문제다. 이 빈자리에 '남자/여자'를 넣으면 남녀 간에 전쟁이 벌어지고, '경상도/전라도'를 넣으면 지역 간의 악감정이 고조된다. 여하튼, 하여튼, 어쨌든, 아무튼, 어떻든, 건전한 논리의 대화를 위해서는 쓰기를 꺼려야 하는 말이다.

[기어코/기어이]

어떠한 일이 있든지 저는 기어코
기차에 성공을 하겠습니다. 아무 걱정
말고 안녕히 계십시오. 그동안에
아버지께서 기어코 저 없는 동안에라도
속히 발명하시기를 기도합니다.

「발명가들, 기차를 발명한 스티븐슨」
『동아일보』1928년 10월 26일 자

아이는 어머니가 기뻐할 듯한
때에는 불가능한 것이라도 기어이
하여 보입니다.

「히스테리의 발작은 모성을 앗아간다」
『동아일보』1932년 2월 7일 자

저 님아 물을 건너지 마오. 임은 그예 물을 건너셨네. 물에 쓸려 돌아가시니 가신 님을 어이할꼬. 우리의 맨 처음 시라 믿고 있는 「공무도하가」는 짧지만 많은 여운을 남긴다. 모든 구절, 모든 단어가 그렇지만 '그예'에 눈길이 머문다. 오래된 시의 번역이나 옛 말을 여전히 쓰시는 할머니 할아버지의 말에서나 나올 말이다.

생각해 보라. 한 번이라도 쓴 적이 있는지. 소리 내어 말해 보라. 어색해서 입에 얼마나 붙지 않는지. '그예'만 그런 것이 아니다. 이 자리를 대신할 수 있고 소리도 비슷한 '기어코, 기어이' 등도, 소리는 다르지만 뜻은 같은 '급기야'도 마찬가지다.

이런 말은 도대체 어디에서 온 것일까? '그예'는 고유어이지만 '기어이'나 '기어코'는 한자어 '기어'期於가 끼어든 말이다. 이는 본래 한문에서 '期於' 뒤에 나온 것을 반드시 하겠다고 약속한다는 의미로 쓰였다. 반드시 무엇인가를 하겠다는 의미로 보면 '기필期必코'와도 같은 의미이다.

우리말의 부사를 살피다 보면 꽤나 많은 한자어를 발견한다. '만약 책을 읽다 갑자기 맞닥뜨린 단어의 뜻을 도대체 모르겠을 경우 부득이한 상황이 아니라면 그 뜻 찾기를 마냥 미룰 것이 아니라 지금이라도 사전을 뒤져야 한다'를 보라. '만약, 갑자기, 도대체, 부득이, 마냥, 지금' 등이 모두 그렇다.

우리말 곳곳에 스며 있는 한문의 영향력을 확인할 수 있는 지점이기도 하다. 한글은 창제될 무렵부터 한자와 대립 관계를 이루었다. 당대에는 한자와 한문의 편에 서서 한글을 배척했던 반면 20세기에 들어서는 한글의 편에 서서 한자를 배척하는 것이 다를 뿐이다. 한자와 한문은 우리의 글자와 글이 없었을 때 기록을 남겨 준 고마운 존재이다. 그리고 지금은 한글의 시대이니 한자를 미워하거나 배척할 이유조차 없기도 하다.

[듣보기장사]

실제로 엿장수의 욕설과 육담 및
육요肉謠, (……) 듣보기장사치나
노름꾼의 비어 등에서 언어전승의
세속화 과정을 살필 수 있다.

이창식, 『한국의 보부상』(밀알, 2001)

다양한 먹거리를 즐길 수 있는 도시의 명소를 뭐라 불러야 할까? '맛집'은 한 곳만 그리고 특별히 맛있는 집만 가리키니 적절하지 않다. 그저 음식점이 몰려 있는 곳 정도로 풀어쓸 수밖에 없을 듯하지만 창의력이 넘치는 말의 주인들은 이에 딱 맞는 말을 만들어냈다. 그 이름하여 '먹자골목', 느낌이 바로 오지 않는가?

어법을 따지기 좋아하는 깐깐한 국어 선생들은 이 말이 불만스럽다. 이 말은 우리말의 정상적인 조어법에서 한참 벗어나 있다. '골목' 앞에 붙은 '먹자'는 동사 '먹다'의 청유형이다. 동사의 활용형이 명사와 바로 결합하는 조어법은 극히 드물다. 어법에 맞게 쓰려면 '먹는 골목'이나 '먹을 골목'이 되어야 하고 의미까지 통하게 하려면 '먹을 것이 많은 골목'이 되어야 한다.

그러나 이런 방식의 오래된 단어로 '살아생전'이나 '섞어찌개'가 있다. 두 단어는 차례로 '살다'와 '섞다'의 활용형이 명사와 결합한 것이니 '먹자골목'과 마찬가지 구조이다. '살아생전'은 1920년대의 신문에도 나오니 꽤 오래된 말인 반면 신문에서 '섞어찌개'는 1970년대가 돼서야 나타나니 꽤 늦은 편이다.

그런데 '떴다방'은 이 모두를 한 방에 제압한다. 본래 여기저기 옮겨 다니는 임시 상점을 가리켰던 말인데 부동산 투기 붐이 일어나면서부터 불법적으로 분양권을 사고파는 부동산 중개업소를 가리키는 말로 쓰였다. 이 업소의 행태는 나쁘지만 '떴다!'에서는 팔팔 뛰는 생동감이 느껴지니 참으로 신기한 단어다.

이 떴다방을 대체할 수 있는 단어가 바로 '듣보기장사'다. 정보를 듣고 눈치를 보면서 약삭빠르게 하는 장사다. 장사라는 것이 결국 이문을 추구하는 것이니 정보와 눈치를 활용해 이익을 얻는 행위는 나쁜 것이 아니다. 어느 날 갑자기 떴다가 부정한 방법으로 이득을 취한 후 무책임하게 사라지는 게 아니라면.

[풀기]

그 다소곳한 머리와 수줍은 눈길에
풀기 하나 없는 것이 한량없이 가엾었다.

현진건, 장편 「무영탑」 『동아일보』, 1939년 발표.

"홑이불처럼 사각거리며 가슴 저미는 그리움 쌓이고. 세상이 온통 시들었어도 깊고 고요한 그대 품에서 잠들었으면 잠시라도 잠들었으면."(박정수,「그대 품에서 잠들었으면」) 노랫말이 이토록 섬세할 수 있을까? 노래가 된 시도 많지만 시가 되어야 할 노랫말도 많다. 아니 본래 노래와 시가 구분되지 않았으니 노래가 이리 시적이어도 이상할 것이 없다. 이 노랫말에서 가장 섬세한 부분을 찾으라면 당연히 '홑이불처럼 사각거리며'이다.

이 느낌을 알려면 '홑이불'을 알아야 하고, 나아가 '홑청', 아니 '호청'을 알아야 한다. 한여름에도 배는 가려야 하니 홑겹이라도 이불은 덮어야 한다. 속을 두지 않은 이 홑겹 이불이 홑이불인데 이것을 홑겹으로 감싸는 것이 '홑청' 또는 '호청'이다. 이 홑이불이 사각거리려면 역시 광목으로 만든 홑청이어야 한다.

빨래를 하고 난 광목은 사각거리지 않는다. 다림질을 해도 사각거림은 없다. 광목에 풀을 먹이고 수천 번의 다듬이질을 해야 비로소 가능하다. 다듬이질을 하면 주름 하나 없이 반들반들하다. 올과 올 사이에 풀이 먹여지고 윤기마저 감돈다. 그렇게 새로 시친 홑이불을 처음 덮었을 때의 느낌, 노랫말처럼 사각거린다.

이 사각거림은 풀기와 다듬이질의 합작품이다. 푸새, 즉 빨래를 풀을 쑤어 푼 물에 담그면 옷감에 풀이 먹는다. 이것을 말려 다듬이질을 하면 옷감의 잔털이 정리되고 반질반질 윤이 나는 것이다. 그리고 여기에서 느껴지는 것이 바로 풀기이다.

'풀기'는 두 가지 뜻으로 풀이된다. 하나는 천이나 옷에서 느껴지는 빳빳한 기운이고 다른 하나는 겉으로 드러나는 활발한 기운이다. 사전에서 달리 풀이한 이유가 있겠지만 같은 뜻으로 봐도 별로 이상하지 않다. 홑이불의 사각거리는 풀기를 느끼기는 어려운 시절이 되었다. 그렇다고 풀기가 죽어서는 안 된다.

[편먹다]

애들이 술래잡기 헐래문 편을
갈라야 하잖어, 그릏기 같은 편이
되면 편을 먹었다구 말했어.

한성우, 『서울 토박이말 자료집』(국립국어원, 1997)

아이들이 앞마당에 모여 오징어 게임, 아니 옛말 그대로 하자면 '오징어 가이상'을 하려 한다. '엎어라 젖혀라' 혹은 '데덴찌'를 해서 두 패로 나누어야 한다. 이렇게 놀이를 위한 두 팀을 만드는 것을 '편 가르기'라고 하고 같은 편이 된 아이끼리는 '편을 먹는다'는 표현을 쓴다. 순수한 아이들의 즐거운 놀이의 시작이다.

'너'가 있어야 '나'가 있다. '나'와 '너'가 있으면 비로소 '우리'가 있다. 우리가 있으면 '너희'가 있을 수 있다. '너희'가 없이 '우리'만 있을 수도 있는데 어느 순간 '우리'와 '너희'를 갈라야 하기도 한다. 우리와 너희를 '편'으로 가르면 비로소 '내 편'과 '네 편'이 생긴다. 그리고 '내 편'끼리는 편을 먹는다.

'편먹다'는 편을 가르는 방법이기도 하지만 공동체를 이루는 방법이기도 하다. 누군가를 내 편으로 끌어들이면 '우리'의 힘은 둘을 합친 것 이상이 된다. 내 편이 많을수록 힘이 세지니 누구나 편먹기를 통해 내 편을 키우려 한다. 그래서 정치는 협상을 통한 편먹기이고 전쟁은 무력을 통한 내 편 키우기이다.

그러나 편먹기는 차별과 대립의 씨앗이기도 하다. 나와 편을 먹지 않은 이는 결과적으로 남 또는 적이 된다. 한편을 먹지 못한 남은 차별해야 하고 적과는 싸워야 한다. 정치와 외교가 정상적으로 작동하지 않으면 내 편이 아닌 상대를 미워해야 하고 급기야 전쟁을 벌여서라도 결판을 내야 한다.

편 가르기와 편먹기는 놀이의 시작이지만 어른의 그것은 전혀 즐겁지가 않다. 아이마저 어른의 못된 것을 배워 학교와 동네의 친구의 편을 갈라 다툰다. 때로는 편을 심하게 갈라 '왕따'를 시킨다. 편을 먹는 것은 '우리'를 만드는 것인 동시에 갈린 이를 '남들' 혹은 '저들'로 만드는 행위이다. 남북으로 갈린 이 땅, 거기에 동서로도 다시 갈리는 이 땅에서 '편먹기'는 서러운 말이다.

[뉘]

뿐만 아니라 웬 뉘가 또 그리 많은지
일일이 하나하나 고르다 보면 시간이
여간 먹히는 게 아니다.

「돌, 뉘 투성이 쌀 많아 팔기 앞서 손질을 많이」
『경향신문』 1970년 6월 8일 자

먼 옛날 시골의 양반 집에 허름한 차림의 선비 하나가 하룻밤 신세를 지게 되었다. 예사롭지 않은 풍모의 그에게 주인은 정성껏 저녁을 대접했다. 주인집 딸은 손님의 정체가 궁금해 흰 쌀밥에 방아가 덜 찧어진 벼알 셋을 잘 보이게 두어 저녁상을 올렸다. 저녁을 맛있게 먹은 손님은 상의 네 귀퉁이에 물고기를 조금씩 남겼다. 이것이 인연이 되어 둘은 결혼해 백년해로했다.

허술하기 짝이 없는 이 러브스토리가 완성되려면 옛말을 알아야 한다. 딸은 밥상을 올리며 '뉘세요?'라 물었고 손님은 상을 물리며 '어사요'라고 답한 것이다. 아직도 어려우면 '뉘3'과 '魚4'로 이해하면 된다. 딸은 '뉘' 세 알을 밥에 올린 것이고 손님은 물고기 네 점을 상에 남긴 것이다.

벼를 절구에 넣고 찧으면 쌀이 되고 이것을 솥에 안쳐 익히면 밥이 된다. 방아가 덜 찧어진 벼가 밥 속에 섞이기도 하는데 이것이 바로 '뉘'이다. '뉘'가 수를 헤아리는 '셋'과 결합해 '뉘세요'가 되고, 그 답은 물고기와 숫자를 가리키는 '魚'와 '四'가 결합해 '어사요'가 됐으니 아주 복잡한 말장난이다.

밥에 가장 진심인 민족을 꼽으라면 역시 우리 민족이다. 땅이 없어 두만강을 건너고, 땅은 있되 물이 없는 메마른 땅에 물을 끌어들여 벼농사를 지었다. 벼농사를 지을 수 없는 중앙아시아로 강제 이주를 당한 뒤에도 벼농사를 지어 벼의 북방한계선을 끌어올렸다. 그러니 밥에 섞여든 벼알을 위한 말을 따로 만들 법하다.

갈수록 밥에 대한 진심이 옅어지고 있다. 기계로 탈곡과 방아를 거치니 쌀에 벼가 섞일 일은 없다. 이런 상황이니 '뉘'라는 단어를 접하게 되면 '뉘세요?'란 말이 저절로 나온다. '사흘'과 '4일'이 헷갈리는 시대에 살고 있다. 그러니 '벼셋?'과 '물넷!'으로 대화하며 '썸을 탈' 가능성은 보이지 않는다.

[빨래말미]

여름철 지루하게 계속되던 장마 속에
날이 잠깐 들어서 옷을 빨아 말릴 만한
겨를을 '빨래말미'라고 한다. 마찬가지로
풋나무를 말릴 만한 겨를은 '나무말미'라
하고.

이응백,「우리말의 현주소」
『동아일보』 1977년 5월 10일 자

상하이를 방문하면 마주치는 낯선 풍경, 공동주택의 창밖으로 기다란 막대가 쑥 나와 있고 갖가지 빨래가 걸려 있다. 왜 굳이 빨래를 밖에다 내걸까 하는 의아한 생각이 들겠지만 모든 것은 이유가 있는 법이다. 상하이의 여름은 덥기로 소문났지만 습도 또한 악명이 높다. 높은 습도 때문에 집 안에서는 빨래가 잘 마르지 않으니 산들바람에 빨래를 맡겨 말리려는 심산이다.

상하이 사람이 겪는 이런 어려움을 우리도 여름 초입에 맞닥뜨리곤 한다. 바로 기나긴 장마에 해가 잘 나지 않으니 빨래를 말리기 어려워지는 것이다. 빨래가 비를 맞으면 안 되기에 집안에 널어도 사정은 달라지지 않는다. 집안의 습도가 높아 빨래가 마르지 않은 채 여러 날을 보내다 보면 빨래에서 퀴퀴한 냄새가 난다.

빨래 건조기가 선보인 지 얼마 되지 않았으니 과거에는 아예 꿈을 꿀 수도 없었다. 선풍기가 있다지만 선풍기 하나로 모든 빨래를 감당하기는 쉽지 않다. 눅눅하고 냄새나는 옷에 짜증이 날 법도 하지만 자연은 우리에게 그렇게 시종일관 가혹하지 않다. 장마철이라도 한나절씩 해가 잠깐 들 때가 있으니 말이다.

장마철에 잠깐 해가 나는 때를 가리키는 말이 굳이 필요할까? 자연이 고맙게 베푸는 혜택을 알뜰하게 사용할 줄 아는 이들은 '빨래말미'라는 예쁜 이름을 붙여 주었다. '말미'는 다른 일로 말미암아 잠시 얻는 겨를을 뜻한다. 줄기차게 비가 퍼붓다가도 자연은 사람에게 잠시 말미를 주는 것이다.

세탁소·빨래방·빨래 건조기가 흔해진 요즘에는 이 말이 거의 쓰이지 않는다. 어디 이뿐이랴. 한겨울에 사흘은 춥고 나흘은 따뜻하다는 삼한사온도 잊힌 지 오래다. 인간이 자연을 혹독하게 대하다 보니 자연이 반란을 일으킨 탓이다. 지금은 오히려 인간이 자연에 말미를 주어야 할 때이다.

[배내똥]

배내똥胎便은 고약 같은 것으로
생후 사오일서부터 차차례 사똥이
됩니다만은 역시 푸른 빛과 검은 빛이
섞인 끈끈하고 거품 섞인 뒤를 봅니다.

「어린아이 둔 이의 알아 둘 여러 가지」

『조선일보』 1928년 11월 2일 자

잘 먹고 잘 싸야 잘 산다. 아무리 잘 난 사람이라도 결국 생물학적으로 보면 먹고 싸는 것이 곧 삶이다. 그렇지만 먹고 싸지 않아도 살 수 있는 시기가 있었으니 바로 어머니 뱃속이다. 탯줄을 통해 엄마의 영양분을 나누어 먹고 그 탯줄을 통해 엄마에게 찌꺼기만 되돌려주는 그런 삶을 살아도 되는 시기이다.

그러나 세상에 나오는 순간, 엄마에게 닿아 있던 생명줄인 탯줄이 끊어지고 먹고 싸는 삶이 시작된다. 이때부터는 스스로의 힘으로 엄마의 젖을 빨고 소화시켜 밖으로 내보내야 한다. 그런데 엄마 젖을 먹기도 전에 나오는 똥이 있다. 이름하여 배내똥. 먹은 것은 없지만 장의 점액·양수·쓸개즙 등이 엉킨 검고 반들거리는 그것이다.

이탈리아의 의류와 생활용품 브랜드가 아니다. 인류의 시작과 함께한 그것이며 우리말이 분화된 후 우리 삶의 여러 양상을 구체적으로 가리키는 단어가 만들어지기 시작할 때부터 지금까지 이어져 오는 말이다. 어떤 지역에서는 '배안의 똥'으로 말하는 것으로 보아 한자 '內'(안 내)가 결합된 것으로 보인다.

그런데 갓난아기의 옷을 '배냇저고리'라고 하고 갓난아기 때 나는 이를 '배냇니'라고 하는 것은 다른 뜻을 생각하게 하기도 한다. 그러나 어머니의 뱃속에 있었을 때를 가리키는 '배냇적', 태어날 때부터 가지고 있는 버릇을 가리키는 '배냇버릇'을 보면 역시 어머니의 뱃속을 뜻하는 것으로 보는 것이 타당해 보인다.

갓난아이가 자면서 웃거나 얼굴을 쫑긋거리는 것을 가리키는 '배냇짓'은 세상에서 가장 예쁜 짓이다. 배내똥 또한 세상에 나와서 첫 번째로 싸는, 그러나 아이가 건강하고 몸 안의 장기가 제 기능을 한다는 의미이니 가장 예쁜 똥이기도 하다. 그렇게 한 평생을 살다가 갈 때 마지막 순간에 또 한 번 배내똥을 싼다.

[널널하다]

유익한 과목, 널널한 과목, 킹카퀸카 많은 과목, 절대 듣지 말아야 하는 과목 등 대학생들의 눈에 비친 강의의 이모저모를 알 수 있다.

『매일경제』 1999년 12월 7일 자

'널'이란 글자를 보면 무엇이 떠오르는가? 나무와 연관된 것이 떠오른다면 좀 '오래된' 사람일 가능성이 높다. 사전에서도 맨 앞에서 풀이하고 있으니 '널빤지, 널뛰기용 판재, 시체를 넣는 관' 등이 떠오르는 것이 당연할 수도 있다. 그러나 요즘에는 잘 안 쓰는 단어라 젊은이들에게 '널'은 어렵다.

'널 사랑해, 널 그리며, 난 아직도 널' 등의 노래가 생각난다면 '너를'의 준말인 '널'을 떠올린 것일 테니 언어 능력은 의심할 바가 없다. 그러나 이런 '오래된' 노래보다는 역시 '최신 유행가요'가 먼저 떠올라야 젊은이들의 대화에 낄 수 있을 것이다. 반대로 '널따랗다, 널찍하다'의 '널'만 생각난다면 단어의 일부만 생각나는 것이니 조금 이상하다.

그런데 아무래도 온전한 단어에서 한 글자만 뗀 후 그것끼리 붙여서 만든 것 같은 단어가 있다. '널널하다'가 그것이다. 그 뜻이 궁금하면 사전을 찾아보라. 예상 밖으로 이 단어가 사전에 없다. 결국 일상에서의 용법에 기대어 '시간적·공간적으로 빠듯하지 않고 여유가 있다' 정도의 뜻으로 이해할 수밖에 없다.

사전에 올라 있지 않은 단어는 사투리이거나 최근에 만들어진 것일 가능성이 크다. 표준사전 말고 좀 더 폭넓게 단어를 수용하는 '우리말샘'에서는 이 말이 경상도나 함경도 말인 것으로 올라 있다. 그러나 젊은 세대가 새로 만든 말일 가능성이 크다.

이 말은 가끔씩 '럴럴하다'로 쓰이기도 한다. 사전에서 표준을 정하기 이전이니 이것이 틀렸다고 볼 이유도 없다. 아무래도 '넓다'와 관련을 지어서 만들어진 단어일 테니 '널널하다'가 맞을 것이다. 우리 사전이 좀 더 널널해지면 이 단어도 사전에 오를 것이다. 아니, 이 단어는 곧 사전에 오른다. 틀림없다.

[윤똑똑이/과똑똑이]

"쌀은 어디서 나오나?" 웃지 못할
현대의 수수께끼 아닌 수수께끼에
섣부른 어린 과똑똑이들의 답은
서슴없다. "공장에서!"

「피크닉 공원」『경향신문』 1979년 7월 27일 자

박사博士는 일상에서는 어떤 일에 정통하거나 숙달된 사람을 가리키는 말로 쓰인다. 한자는 '博'(넓을 박)을 쓰지만 폭넓은 지식보다는 해당 분야의 속깊은 지식을 가진 전문가를 가리키기도 한다. 그런데 박사든 전문가든 한마디로 무력화할 말이 있다. 바로 그 분야의 전문가는 아니지만 '내가 해 봐서 아는데'라는 말이다.

이 말을 널리 퍼뜨린 이는 대기업 말단사원에서 대통령까지 된 이다. 그 시대를 산 이 상당수가 그랬으니 '나도 한때 민주화운동 해 봐서 아는데'는 납득할 만하다. 그의 이력을 보면 '내가 건물 지어 봐서 아는데'는 당연한 말로 들린다. 그런데 천안함 사건 때 '내가 배 만들어 봐서 아는데'는 고개를 갸우뚱하게 한다.

'똑똑하다'란 말은 '또렷하고 분명하다'란 뜻 외에 '사리에 밝고 총명하다'와 '셈이 정확하다'란 뜻도 있다. 이 분이 셈이 정확하고 자신의 장점을 또렷하고 분명하게 드러낼 줄 아는 분이긴 하지만 두 번째 뜻을 두고는 좀 망설여진다. 사리에 밝고 총명하다면 이런 말을 하지 않는다. 더욱이 그 위치에 있는 분이라면 모든 일을 자기 손으로 할 것이 아니라 전문가를 잘 써야 한다.

똑똑한 사람은 '똑똑이'란 말로 표현되는데 이 말의 쓰임이 조금 의심스럽다. 단독으로 쓰일 때도 그렇지만 '헛똑똑이, 윤똑똑이, 과똑똑이' 때문에 더더욱 그렇다. '헛'은 '헛간, 헛짓, 헛심' 등에서 널리 쓰이니 '헛똑똑이'는 금세 이해가 된다. 그런데 '윤'과 '과'는 한자를 끌어들여야만 설명이 될 듯하다.

'윤'은 '閏'(윤달 윤)이고 '과'는 '過'(지날 과)이다. 앞엣것은 쓸데없이 하나 더 있는 달을 가리키고 뒤엣것은 정해진 기준을 넘은 것을 뜻한다. 결국 헛똑똑이의 다른 말이다. 높은 자리에 있는 이가 '내가 해 봐서 아는데'라며 전문가를 무시하거나 혼자 떠들면 그것이 곧 윤똑똑이 또는 과똑똑이가 되는 것이다.

[물매가 싸다/뜨다]

이릉기 지붕이 경사가 심하문
'물매가 싸다', 그릏지 않으문
'물매가 뜨다' 그릏게 말했어.

한성우, 『서울 토박이말 자료집』(국립국어원, 1997)

기후 변화 탓에 한여름에 비가 억수같이 쏟아지는 일이 잦다. 억수같이 쏟아지는 비는 소나기. 어원을 따지기 좋아하는 이는 '소나기'의 어원을 '소 내기'에 갖다 붙이기도 하니 '억수' 또한 가만둘 리 없다. 하지만 비가 올지 안 올지 농부가 소를 걸고 내기를 했대서 소나기가 된 것은 아니라고 잘라 말할 수 있는데, '억수'의 기원이 한자어 '億水' 혹은 '惡水'인지는 알 길이 없다.

이렇게 한가로이 말놀이를 할 때가 아니다. 비는 내린 만큼 흘러가야 한다. 땅이 머금고 동식물이 마시는 것을 빼고 말이다. 있는 그대로의 자연은 내리는 비에 맞춰 머금든 흘려보내든 하지만 사람이 만든 인공의 구조물이 문제다. 집은 비가 쳐들어오지 않도록, 거리는 빗물이 잘 빠지도록 설계해야 한다.

비와 햇빛을 막으려는 것이 지붕이니 비가 오면 지붕이 가장 먼저 비를 맞는다. 지붕은 그것을 잇는 재료에 따라 초가집·기와집·너와집 등으로 구분하지만, 재료가 아닌 지붕의 모양에 집중해 보자. 어떤 지붕은 경사가 가파르고 어떤 지붕은 완만하지 않은가? 이러한 차이를 표현하는 말이 있어야 하지 않을까?

있다. 지붕의 기울기는 '물매'라고 하고 그것이 가파르면 '싸다'고 하고 완만하면 '뜨다'고 한다. '싸다'와 '뜨다' 대신 '가파르다'와 '완만하다'를 쓰기도 한다. 오늘날의 사전에는 그저 건축용어로만 풀이되어 있지만 과거에는 꽤 쓰이던 말이다.

세찬 소나기가 많이 내리는 열대 지역의 지붕은 물매가 예외 없이 싸다. 반면에 비가 거의 내리지 않는 사막 지역의 집은 물매가 아예 없다. 여행자로서의 지식과 감상에 머물 문제가 아니다. 우리가 사는 아파트나 슬래브 지붕의 건물은 물매가 아예 없다. 억수같이 내리는 국지성 호우가 점점 잦아지면 '물매'라는 단어가 부활할지도 모른다.

[짜깁기]

나는 사실 그때까지도 '짜깁기'라고
쓴 것과 '짜집기'라고 쓴 것 두 가지가
있다는 사실도 전혀 몰랐었다.
(……) 그때야 나도 깨달았다. 짜서
깁는다 하여 짜깁기라는 걸.

『경향신문』 1962년 8월 20일 자

'깁다'란 동사가 사라지고 있다. 동사는 행위를 나타내는 말이니 그 행위가 사라지면 동사도 사라진다. '깁다'는 떨어지거나 해어진 곳에 다른 조각을 대거나 그대로 꿰맨다는 뜻이다. 그러나 옷감이 튼튼해 떨어지거나 해어지지 않고, 설사 그렇게 되더라도 버리고 새 옷을 사면 되니 '깁다'란 동사는 사라질 수밖에 없다.

'깁다'는 '누더기'와 짝을 이룬다. 깁는 행위가 반복되면 '누더기'가 되는데 누더기 하면 흥부가 떠오른다. 옷감이 귀하니 옷은 단벌일 수밖에 없다. 그 옷마저 해어지니 깁고 또 기울 수밖에 없다. 요즘에는 여러 천을 배색해 일부러 누더기를 만들기도 한다지만 흥부 가족에게는 어쩔 수 없는 선택이었다.

누더기가 되지 않게 기울 수 있는 방식이 있는데 '짜깁기'가 그것이다. '짜다'가 옷감을 만드는 행위를 뜻하니 옷감을 짜듯이 깁는다는 말이다. 구멍난 곳과 같은 천으로 씨줄과 날줄을 내어 서로 교묘하게 짜듯이 기우니 감쪽같이 기워진다. 수선도 겸하는 세탁소의 필수 기술이기도 했다.

그런데 이 짜깁기가 '깁다'란 말의 새로운 활로를 찾아 주고 있다. 요즘은 웬만한 고가의 옷이 아니면 짜깁기를 하지 않으니 '짜깁기'란 말도 사라질 운명이어야 한다. 그러나 글쓰기에서 이 단어가 채용되면서 전혀 다른 용도로 사용되고 있다. 즉 여러 사람의 글을 교묘하게 엮어서 자신의 글인 양 내어놓은 행위를 가리킨다.

고도의 기술이 필요한 짜깁기는 자원을 아끼려는 소중한 행위이기도 했다. 글을 쓰는 행위 역시 이전에 축적된 지적 재산을 바탕으로 자신의 사고와 감정을 싣는 것이기 때문에 짜깁기의 일종이기도 하다. 그러나 지금은 고도의 짜깁기 시대이다. 인공지능이 짜깁기해 놓은 것을 글에 어떻게 짜깁기할 것인가를 고민해야 하는 시대.

[바른손]

내가 육혈포를 가졌다 하고
바른손을 두루마기 옆에 넣어
육혈포를 가진 것 같은 태도를 보이고
돈 내기를 재촉하니까

「독립당이라고 자칭하고」 『동아일보』 1921년 4월 28일 자

세종대왕은 오른손잡이였다. 오른손잡이의 높은 비율을 믿고 대충 넘겨짚는 것은 절대 아니다. 한글은 자음이 왼쪽에 놓이고 모음이 오른쪽에 놓인다. '가' 소리를 내 보면 자음인 'ㄱ' 소리가 먼저 나고 뒤이어 'ㅏ' 소리가 나는데 세종은 이 점에 착안해 자음을 먼저 왼쪽에 쓰고 모음을 오른쪽에 쓴 것이다.

오른손잡이의 비율이 높으니 글자는 왼쪽에서 오른쪽으로 쓰도록 고안하는 것이 옳다. 그러나 '오른손'과 '왼손'이란 말은 옳지 않다. 이 두 말은 각각 '옳다'와 '외다'가 쓰인 말이다. '외다'는 매우 낯선데 마음이 꼬여 있다거나 물건의 좌우가 뒤바뀌어 불편하다는 뜻이다. 그러니 왼손은 결코 좋은 뜻이 아니다.

'바른손'에 이르러서는 문제가 더 분명해진다. '올바르다'에서 알 수 있듯이 '옳다'는 '바르다'와 같은 말이다. '옳다'에 '외다'를 대비시켰으니 '바르다'도 이와 같이 하려면 '그르다'를 떠올릴 수 있다. 그러면 '그른손'이란 말도 있어야 하는데 차마 이 말까지는 잘 안 쓴다. 그러나 왼손이란 말에 옳지 않다거나 그르다는 의미는 분명히 포함되어 있다.

유치원에서 아이에게 두 손의 용도를 가르칠 때 '밥 먹는 손'이란 표현을 쓴다. 물론 이 손은 오른손 또는 바른손이다. 이렇게 표현하고 나면 왼손으로 밥을 먹는 아이는 비정상적인 아이가 되고 만다. 이런 문제를 안다면 한 번쯤은 오른손이나 바른손이란 말을 처음 만든 이의 처지가 되어 볼 필요도 있다.

조물주造物主가 아닌 '조어주'造語主라면 심장 쪽에 있는 손과 그 반대쪽에 있는 손을 뭐라고 이름을 붙이겠는가? 무엇으로 이름을 붙여도 결과는 마찬가지다. 어쩔 수 없이 순서를 매기게 될 것이고 '쪽수'의 많고 적음을 옳고 그름으로 치환시킬 것이다. 오른손과 바른손이란 말을 바로잡을 바른말이 떠오르지 않는다.

[삼가]

자玆에 삼가 『동아일보』의 창간을
축祝하고 장래의 발전을 기祈하며

「동양의 백이의(白耳義)가 되라」

『동아일보』 1920년 4월 1일 자

1976년부터 200년까지의 담뱃갑 측면에는 '건강을 위하여 지나친 흡연을 삼갑시다'라는 문구가 인쇄되어 있었다. 몸에 해로운 담배를 팔면서 병 주고 약 주는 셈이지만 이 덕분에 흡연이 줄었을 가능성은 없다. 그런데 이 문구의 마지막 부분이 많은 의문을 자아냈다. 왜 '삼가합시다'가 아닌 '삼갑시다'일까?

'삼가다'가 쓰인 문장을 보면 고매한 대가댁 마나님의 말투처럼 보인다. 누군가의 행동을 말릴 때 가장 흔히 쓸 수 있는 말은 '하지 마라'이다. 이 말을 점잖게 할 때 쓸 수 있는 말이 '삼가다'이다. '하지 마라!'를 써야 할 자리에 '삼가라'를 써 보면 입에 잘 안 붙을 것이다. 그만큼 평소에는 잘 안 쓰는 말이다.

이 단어의 기본형이 '삼가하다'로 오해되는 것도 문제이다. '참가하다'를 예로 들어 보자. '참가하다'의 명령형이 '참가해라'이니 '삼가하다'가 기본형이라면 '삼가해라'가 되어야 한다. 그런데 기본형이 '삼가다'이니 '삼가합시다'가 될 수 없다.

부고나 조의에 쓰이는 말을 떠올리면 이 의문이 해소된다. '삼가 알립니다'란 부고를 받으면 '삼가 고인의 명복을 빕니다'라고 조의를 표한다. 이는 동사 '삼가다'에서 핵심 부분인 '삼가'가 부사가 된 것이다. 만약 이 동사가 '삼가하다'라면 '삼가해'가 되어야 한다. '삼가합시다'라고 쓰고 싶은 이도 이때는 '삼가' 대신 '삼가해'를 절대 쓸 수 없을 것이다.

'삼가다'란 말은 사라질 운명에 처한 말이다. 서울의 대가댁 마나님처럼 말하는 이가 줄어서일까? 점잖은 말투에서 쓰이는 이 단어가 사라지는 것은 아쉽지만 '하지 마'란 말이 확실한 의사를 전달할 수 있으니 굳이 쓸 필요가 없다. '삼가다'가 '삼가하다'와 헷갈리다 결국 사라지는 상황에 삼가 조의를!

[뒤죽박죽]

지금처럼 벽파의 무리가 뒤죽박죽이
됐을 때는 종종 이처럼 근거 없는
소문이 있다 해도 무방하다. 이해할 수
있겠는가? 이만 줄인다.

정조, 『심환지에게 보낸 편지』(1796~1800)

이것은 1797년 서울에 살았던 44세 사내의 서울말이다. 사내는 오늘날의 종로구 창경궁로 185번지에서 태어나 죽을 때까지 이곳에 살았다. 11세에 아버지가 할아버지의 손에 의해 죽은 후 지독히도 오래 산 할아버지 밑에서 성장했다. 당대 최고의 독서가이자 활쏘기의 명사수였으니 문무를 겸비했다.

문장에 통달했던 이 사내는 한 사람에게 보낸 편지만 300여 통일 만큼 사적인 편지도 많이 썼다. 문장에 대해서는 엄청난 '꼰대'이자 '꼴보수'였던 이 사내는 당시 유행하던 잡스런 문체에 불만이 많았다. 그리하여 당대의 문장가 박지원의 『열하일기』의 문체를 '지적질'하며 죄를 묻겠다고까지 했다.

이랬던 그가 사적인 편지에서 큰 반전을 보여 준다. 어릴 적에는 한글로 '가을바람에 기후가 평안하오신지 문안 알고자 바라오며'와 같이 귀엽게 편지를 썼다. 나이 들어서는 수많은 한문 편지를 남긴다. 말술에 골초, 툭하면 격노를 일삼던 이 사내는 편지에 '胡種子'(호로자식)이란 표현을 주저 없이 쓰기도 했다.

상상을 뛰어넘는 반전은 온통 한문으로 쓴 편지 속 단 하나의 한글 단어 '뒤죽박죽'이다. 화가 치밀어서일까? 아무리 한문에 능한 이라도 이 말을 대신할 말을 한자로는 도저히 쓸 수 없었던 걸까? 어찌 됐든 순정한 문체를 그렇게도 강조하던 이가 자신의 편지에는 자유로운 문체뿐 아니라 한글까지 써넣은 것이다.

그가 세상을 뜬 지 225년, 그가 오늘날의 서울말을 들으면 틀림없이 호로자식들이 쓰는 뒤죽박죽의 말이라 할 것이다. 말소리는 엄청나게 바뀌었으며 영어로 쓰인 수없이 많은 간판, 앞뒤를 잘라서 말하는 줄임말에 혀를 끌끌 찰 것이다. 그러나 그 또한 허물없는 친구를 만나 힙한 술집에서 생파를 할 때면 오늘날의 서울말로 아재개그를 남발할 것이다. 틀림없이.

서울의 말들
: 여기두 사투리 있걸랑

2024년 10월 4일　　초판 1쇄 발행

지은이
한성우

펴낸이	**펴낸곳**	**등록**	
조성웅	도서출판 유유	제406-2010-000032호(2010년 4월 2일)	

주소
경기도 파주시 돌곶이길 180-38, 2층 (우편번호 10881)

전화	**팩스**	**홈페이지**	**전자우편**
031-946-6869	0303-3444-4645	uupress.co.kr	uupress@gmail.com

	페이스북	**트위터**	**인스타그램**
	facebook.com /uupress	twitter.com /uu_press	instagram.com /uupress

편집	**디자인**	**조판**	**마케팅**
사공영	이기준	한향림	전민영

제작	**인쇄**	**제책**	**물류**
제이오	(주)민언프린텍	라정문화사	책과일터

ISBN 979-11-6770-101-5 03810

이 저서는 인하대학교 일반교수연구비 지원을 받아 수행된 연구임(70323-1)